最後に生き残る人の「秘密の習慣」40

一流の人が、他人の見ていない時にやっていること。

千田琢哉
Takuya Senda

清談社
Publico

一流の人が、

他人の見ていない時に

やっていること。

他人の見ていない
時にやるのは、
そのほうが
邪魔されないから。

プロローグ

「秘密の特訓」をしていると、自分を自然と好きになり、自信がみなぎる。

私はこれまでに、その道で一流と評価される人たちと数多く出逢《であ》い、対話してきた。スポーツの世界だとオリンピックの金メダリストも複数いたし、ビジネスの世界だと連日のように経済紙に顔を掲載されていた名経営者もいた。同業の執筆業の世界だと、すでに数百冊やそれを超える作品数を持つ人たちの生命力も目の当たりにしてきた。

彼らの生き様から私が教わったのは、**一流の人たちは他人の見ている時にではなく、他人の見ていない時にこそ粛々と絶え間ない準備をし、爪を研いでいたことだった。**

むしろ人前で努力を見せるのは恥だと考える人が多かったように思う。

……と、ここまでは巷《ちまた》の自己啓発書にもよく述べてある内容だろう。

私はさらに彼ら一流の人たちに直接「なぜ、人前で努力や準備を見せないのですか？」と問い続けてきた。

すると彼らからは次のような答えが返ってきた。

「他人が見ていると、もうそれだけで気になって集中できない」

「他人が見ていると、直接的にも間接的にもヤイヤイ言われるからメンタルコストがかかる」

「他人が見ていると、もうそれだけで評価されて達成感を味わえて満足してしまう」

表現の違いはあったものの、これらの弁を帰納するとこうなるだろう。

「他人の見ていない時にやるのは、そのほうが邪魔されないから」

本気で一流の結果を出すためにはただ闇雲に努力することだけを考えるのではなく、マイナス要因を徹底排除して努力が報われやすい環境を構築するほうが大切なのだ。

もちろん私も彼らに倣ってそれを実行し、実行するだけではなく習慣化した。

すると驚くべきことにたちまち人生が好転し、自分の頭の中で思い描いていたことが次々と実現できるようになった。

何より快感なのは他人の見ていない時に粛々と準備をして爪を研ぐことで、秘密の特訓をしている自分が自然に好きになれることだ。

継続して秘密の特訓をしていると、もうそれだけで顔が凛々《りり》しくなるし、身体の芯から本物の自信がみなぎってくるため、人生すべてが正のスパイラルに突入するのだ。

あなたにも、本書をきっかけに自分の勝負の土俵で一流への扉を開いてもらいたい。

2020年6月吉日　南《みなみ》青《あお》山《やま》の書斎から　千《せん》田《だ》琢《たく》哉《や》

一流の人が、他人の見ていない時にやっていること。　目次

PART 1

一流の人が、他人の見ていない時にやっている「毎日の習慣術」

PART 2

一流の人が、他人の見ていない時にやっている「時間の使い方」

PART 3

一流の人が、他人の見ていない時にやっている「お金の使い方」

PART 4

一流の人が、他人の見ていない時にやっている「大人の勉強術」

PART 5

一流の人が、他人の見ていない時にやっている「人間関係術」

PART

1

一流の人が、他人の見ていない時にやっている「毎日の習慣術」

01

あなたが環境に合わせるのではなく、あなたに環境を合わせる。

最初にハッキリさせておきたいが、結果を出し続けるためには環境が極めて大切である。

「環境のせいにするな！」といった根性論を押しつけてくる20世紀的な発想のお年寄りもいるが、それは完全に間違っている。

うだつの上がらない根性論者ではなく、しかるべき成功者の胸襟を開くと必ず教えてくれる本音は「成功のためにはいかに環境が大切か」だった。

私自身もそれを痛感し、自分が結果を出しやすい環境を構築するためにありとあらゆる工夫《くふう》を凝らしてきた。

会社勤めをしていた頃も周囲の環境に合わせるのではなく、私が働きやすい環境を創造するのに必死だった。

誰にも邪魔されないように人知れず組合の会議室に籠もり、猛スピードで仕事を終わらせていた。

こうすれば新入社員が強制的にやらされていた電話取りから逃げることもできた。

お断りしておくが、私は電話取りが滅法速く、むしろ得意だったが、知識のない新入社員にお客様からかかってきた電話を取らせる社風が間違っていると判断し、それに異を唱えただけの話である。

それによって周囲の同僚や先輩社員が8時間かけてやっていた無駄な作業を、1時間もかからずに終えて隠れ家で昼寝していたものだ。

当時の損害保険会社は連日残業続きで終電に乗り遅れないようにホームに駆け込むのが常識で、誰もが寝不足で土色の顔をしていたものだ。

だが私だけは艶々の顔をしていてすこぶる健康的な人生を送っていた。

転職先の経営コンサルティング会社ではさらに連日徹夜続きの激務で、会社で寝泊まりしている社員も珍しくなかった。

私は入社初日に「これはアカン！」と察知し、平社員にもかかわらず上司にフレックスタイム制を直談判してそれを実現させた。

会社の裏にアパートを借りていたから、毎日死ぬほど寝てリフレッシュした頭で好きなだけ仕事に没頭できたというわけだ。

周囲がフラフラになって仕事をしている中で私だけは平日でさえ平均9時間睡眠を確保していたため、仕事のパフォーマンスも高くて当時の社内では最短出世できて社内報で模範社員として紹介されたほどだ。

それで今度は正真正銘の完全フレックスタイム制を承認されたというわけだ。

成功者たちから異口同音に教わったように、自分が環境に合わせるのではなく、自分に環境を合わせたおかげである。

他の誰でもなく私自身が結果を出せる環境を創れば、必ず結果は出るのだ。

あらゆる組織でトップがいちばん有能に見えるのは能力が高いからではなく、トップの能力が高く見えるような環境を完成させているだけの話だ。

独立後の私は言うまでもなく純度１００％、自分が宇宙でＮｏ．１になるための環境を構築した。

その結果、今、ここにいる。
それだけの話だ。

01

一流の人が、
他人の見て
いない時に
やっていること。

他の誰でもなく自分自身が結果を出せる環境を創っている。

02 起きてからやることの儀式が決まっている。

儀式というほど大げさではないが、一流のパフォーマンスを出し続ける人には朝起きてからやるべきことが規則正しく決まっていることが多い。

〝規則正しく〟という表現を使うと堅苦しいと感じるかもしれないが、要は歯磨きのような単純作業の積み重ねが習慣化されているというだけの話である。

たとえば私の場合だと目が覚めると次のルーティーンですでに10年以上過ごしている。

①リステリンを口に含める。

②お手洗いを済ませる。
③窓を開けて布団を干す。
④リステリンを口から出して塩うがいをする。
⑤ブレスケアを2粒飲む。
⑥目薬を点《さ》す。
⑦シャワーを浴びる。

……とこんな感じだが私にとってはかなり重要な儀式となっている。

なぜならこれら①〜⑦のプロセスのどこかで必ずアイデアが降りてくるからである。

人がアイデアを授かるのは多くの場合水回りであることが多い。

つまり③を除けばすべてが水分に直結する行為であり、**特に私は最後のシャワーでシャンプーをして頭を刺激している最中にアイデアを授かることが多いのだ。**

もちろん食事中や歯磨きをしている間にアイデアが降りてくることもよくある。

その日によってまちまちだが、こうした儀式の最中に浮かんだアイデアがそのまま執筆のネタになったり、大小様々なビジネスに発展して換金できたりしているというわけである。

これは私が大学時代に憧れていた多作家たちがそろいもそろって規則正しい生活をしていた事実を知り、その衝撃が今のベースになっている。

社会人になってからそれを演繹《えんえき》的《てき》に長期的な成功者たちに当てはめてみたところ、やはりほぼ規則正しい生活をしていた。

規則正しい生活をするとなぜ長期的に成功できるのかも本人たちに確認済みだし、私も体験しているから熟知している。

規則正しい生活をしたほうが無駄も少なくなるからである。

無駄が少なくなると時間が生まれる。

時間が生まれるとさらにリラックスしてアイデアを生み出すことができる。

アイデアを換金するとさらにお金を稼いで時間を買える。

時間が増えるとまたお金も増える。

……こうした正のスパイラルをあなたの人生で実現させれば勝ちである。

世界的に有名な経営コンサルタントは自分が使う道具はすべて同じメーカーの同じ商品だとかれこれ何十年と決めていると本で述べていたが、さすがである。

歯磨き粉はコレ、インクはコレ、コーヒー豆はコレ……と決めて常に一定数をストックしておけば在庫切れもなく、人生トータルの時間と精神的なゆとりも大幅に増える。

冗談ではなく、こうした積み重ねがあなたの人生を決めるのだ。

別に儀式を決めたり規則正しい生活をしたりするのは難しいことではない。

むしろそのほうが楽なのだ。

誰かに強制させる儀式ではなく、あなただけの儀式を習慣化すればいいのだから楽しい。

02

一流の人が、他人の見ていない時にやっていること。

歯磨きのような単純作業の積み重ねを習慣化している。

03
頭をよぎったアイデアを残す。

あなたは何かの拍子にとてつもないアイデアを授かったのに、次の瞬間、跡形もなく消え去ってしまった経験はないだろうか。

私には数え切れないほどある。

そもそも跡形もなく消え去ったアイデアの価値がどのくらいなのかを知ろうとしない人が多いので、それがどれほどの損失なのかも想像だにしないだろう。

何を隠そう、私自身がそうだったからよくわかるのだ。

ところが大学時代にあるクリエイターが書いた本を読んでいて、頭をよぎったアイデアを残す大切さに気づかされた。

ディスカウントショップで格安ボールペンを100本まとめ買いして部屋のあちこちに転がし、すべてのポケットに放り込んだ。

シャワーを浴びていても必ずメモをしたたし、寝入り端《ばな》もアイデアが降りてきたらすぐにメモをして残した。

すでに述べたように次第にアイデアは水回りで授かることが多いとわかったのもその頃だった。

頭をよぎったアイデアをすべて残した結果、私はどうなったのかを初公開しよう。

一生ネタに困らないほどのアイデア帳が完成したのだ。

厳密には学生時代は換金できそうなアイデアは1割に満たなかったと思うが、それでも100のアイデアがあれば五つくらいは価値があるものだ。

それらが蓄積されればもうどこでも生きていけるアイデアマンになれるだろう。

社会人になってからは数多くの成功者とも会えるようになり、さらにアイデアの質は向上した。

親子ほど年の離れた経営者たちと会っても話題に困らなかったし、経営コンサルティング会社に転職してもアイデアが枯渇して困ることは一度もなかった。

それどころか「これは会社員時代に披露するより、独立後に披露しないともったいないな」と躊躇《ちゅうちょ》していたくらいだ。

断言してもいいが、私にアイデアを出す才能があったからそうなったのではない。

誰でも日常で「もっとこうすればいいのに……」「世の中がこうなればいいのに……」と感じることがあるはずだ。

それらはすべてがアイデアであり、実際に主婦が日常生活で不便に感じた知恵から数々のヒット商品が生まれているのだ。

それは彼女たちがアイデアを出す才能があったからではなく、その都度アイデアを残してそれを実現させたからである。

アイデアは誰でも思い浮かぶのであり、それを残さなければ何も思い浮かばなかったと同じことなのだ。

よく「あんなの俺だって考えていた……」と負け惜しみを言う連中もいるが、考えていただけの人は100万人以上いたと考えるべきである。

大切なのはまずそれを残すことなのだ。

アイデアは残しさえすればそれを形にしたくなるものだ。

私にも経験があるが、自分が残したアイデアを先に実現されると、ものすごく悔しい。

だからアイデアを残したら必ず形にしたくなる衝動に駆られる。

現在の私はこうしてアイデアを残すことが仕事である。

03

一流の人が、他人の見ていない時にやっていること。

アイデアは出すことより実現させることを重視している。

04

常に水回りは清潔に保つ。

あなたは自宅の洗面所・キッチン・浴室・トイレを常に清潔に保っているだろうか。

某元総理大臣は名家の出だが、人の見ていないところでいつでもどこでも洗面所が濡《ぬ》れているとハンカチでサッと拭く習慣があったと言われている。

私はそれを知った時に、素直に人として美しいと思った。

私の祖父も黙ってこっそり水回りの水滴を拭いていたのをよく目撃したから、その意味がようやくわかったような気がしたのだ。

私が幼い頃は「どうしてすぐにまた濡れるのにいちいち拭くのだろう」と疑問に思っていた。

だがそういう人がいてくれるおかげで快適に清潔な水回りを使えるのであり、人生のどこかでそういう美学に自ら気づくべきなのだ。

私も会社勤めの頃にはオフィスの水回りを誰も見ていない場所で清潔に保つ習慣にしていたし、独立した今でもこれはそのまま続いている。

面倒臭いとは一度も思ったことはないし、いつも人知れず祖父が拭いていた表情や姿勢を真似《まね》して楽しんでいる。

何十年もこうした習慣をあちこちで続けていると、いくら隠し通そうとしても必ず誰かに見つかるものだ。

何を隠そう、私自身がうっかり人知れず洗面所を拭いている人をよく目撃してしまうのだ。

それを見ていちいちその場で褒めるといった野暮なことはしないが、人の印象はこれ見よがしにやっていることではなく、人知れずやっていることで決まる。

人知れず洗面所を汚している人をたまたま見かけると目撃者はその人を悪人と思い込み、人知れず洗面所を拭いている人をたまたま見かけると目撃者はその人を善人と思い込む。

これは私の仮説だが水回りには不思議な力が宿っているのではないだろうか。

すでに触れたように我々が水回りでアイデアを授かることが多いのは、人体の大半が水分で構成されているという事実と無関係ではないと思う。

地球上の70%を海水が覆っているし、古代ギリシャで記録に残された最古の哲学者タレスは、「万物の根源は水である」と述べている。

それだけ我々にとって水は切っても切れない関係にあり、無限の可能性と神秘を感じさせる。

我々にとって水ほど貴重な存在はないのと同時に、水ほど見慣れた存在もない。

だからこそ水には神が宿るのではないだろうか。

以上は何も水回りだけの話ではない。

水回りを清潔に保っている人というのは、人生すべてにおいて人知れず善行を積んでいるものである。

当たり前の存在を当たり前ではないと気づくことが「有り難い」という意味であり、水に感謝できる人はすべてに感謝ができるということだと思う。

水回りを清潔に保つ習慣を持つ人はすべてを清潔に保つ人であり、すべてを大切に扱える人なのだ。
感謝できる人になるにはどうすればいいのだろうか。
もちろん、人知れずこっそり善行を積めばいいのである。

04

一流の人が、他人の見ていない時にやっていること。

すべてに感謝し、すべてを大切に扱っている。

05

ごく短時間で一生続けられる運動をする。

一流の結果を出し続ける人たちは自分に合った運動を習慣にしていたものだ。

大切なのは誰もがみんなトライアスロンをやる必要はないし、ゴルフができなければダメだということではない点だ。

持久力タイプの体質の人はジョギングに取り組むのもいいし、瞬発力タイプの体質の人は筋トレに取り組むのもいいだろう。

自分の体質や嗜好《しこう》に合った運動を無理なくやるのが一流の人たちの習慣なのだ。

プロスポーツ選手を除けば一流の人にとって運動はマッチョになるためでもなければ、新記録を樹立するためでもない。

ひたすら自分の専門分野のパフォーマンスを上げるために運動をするのである。

かつて作家の三島由紀夫《みしまゆきお》が指摘したように、本物の力強い文章を生み出したければ、アメリカの作家アーネスト・ヘミングウェイのように鍛え抜かれた肉体が必要なのだ。ドイツの哲学者フリードリヒ・ニーチェに至っては「身体が精神を支配する」とまで述べている。

文筆家として生きる私から言わせてもらうと、これらは一点の曇りもなく100％正しいと思う。

私の周囲にいる各分野で一流の実績を残している人たちは、私の文章を読んで「いかにも千田らしい」「著者名を見なくても千田琢哉だとわかる」と異口同音に感想を漏らす。

会社勤めの時にも直属の上司からは少なく見積もっても100回以上は「琢ちゃんは瞬発力系」と言われ続けてきた。

これは私の身体だけではなく、文章や仕事のスタイルといったすべてが瞬発力系だという意味である。

大学時代に没頭したパワーリフティングという競技（ベンチプレス＋スクワット＋デッ

ドリフトの総重量を競い合う、誰がいちばん力持ちなの？　を決めるスポーツ）では、全日本学生大会で優勝は逃したものの、努力の割には非常に報われやすかった。

当時専門のコーチからも「いかにも力がありそうないい筋肉」と言われていたから、やはり瞬発力系なのだろう。

その代わり持久力に関してはからきしダメだから、ジョギングなどは何度か挑んだもののすぐに挫折して落ちこぼれてしまう。

以上の理由から私がたどり着いた運動は毎日15分以内の室内でお手軽にできる筋トレである。

マッチョになるためではなく、全身の筋肉に刺激を与えるのが目的だから、バーベルはいっさい使用しない。

なるべく大げさに深く呼吸をして有酸素運動の役割も果たしている。

東京大学の教授で理学博士の石井直方《いしいなおかた》氏は「筋トレをすると筋肉から様々な物質が分泌され、その中には頭を良くする物質も含まれている」という仮説を立てている。石井氏は自身もボディビルのチャンピオンになっているから説得力があるだろう。

誤解してもらいたくないが、あなたも筋トレをすべきであるという話ではない。

私の周囲の医者や成功者は「毎日30分のウォーキングが最強の運動である」という意見でほぼ一致している。
自分に合った運動を継続しよう。

05

一流の人が、他人の見ていない時にやっていること。

「身体が精神を支配する」と考えている。

06 一日一回は自分とは違う考えに触れる。

結果を出し続けるためには、常識や固定観念にがんじがらめにされるのがいちばんの敵である。

私は大学時代に1万冊以上の本を読んできたが、とりわけ好んで読んだのは自分とは異なる意見の本である。

意識的に価値観が対極の本を読むことにより、明らかに自分の脳が活性化されるのが快感だったからである。

私が「この人はもったいないな……」と他人事《ひとごと》ながら悔しく思うのは、自分と価値観が異なる本を徹底的に排斥する人である。

まともな経営コンサルタントであれば誰もが知る事実として、組織を継続的に成長させ続けたければイエスマンだけでそろえてはならないという法則がある。

できれば副社長や専務あたりに社長と対極の価値観の持ち主を置いて、日々お互いに刺激を受け続けるのが組織を成長させるためには不可欠なのだ（ただし、決断の段階では方針に従ってもらうという約束は交わしておく）。

綺麗事《きれいごと》を抜きにすると自分と価値観が合わない相手には二通りいる。

自分より格上の相手と格下の相手だ。

自分では対等の関係と思っている相手は格上にカウントしておいて間違いない。

あなたより格上の相手の異なった意見は真摯に耳を傾けることによって、よりあなたの価値観が高みに到達するだろう。

かつてドイツの哲学者ヘーゲルが提唱した弁証法のように、「あなたの考え」と「賢者の考え」をぶつけ合ってアウフヘーベン（止揚《しよう》）させることで新しい真理が見えてくるかもしれない。

一方であなたより格下の相手の異なった意見もバカにはならない。

なぜなら「へぇ～、無知蒙昧《もうまい》な人はこう考えるのか……」「理性ではなく感情で人は動くのだな……」と気づかされて、その層へ向けて何らかのビジネスチャンスを創造できる可能性も出てくるからだ。

これは私の周囲のエリートたちの顕著な傾向だが、特に名門中高一貫校出身者たちは本当の世の中の平均がどのレベルなのかを知らない。

仮に知識としては知っていても、肌感覚ではわからないのだ。

彼らにとって早慶《そうけい》卒という学歴は〝普通の人〟もしくは〝負け犬〟であり、世の中の感覚とはかけ離れている。

このズレがいつまでも訂正できないと、職種によってはマーケティングセンスがないと見なされて社会人の落ちこぼれになってしまう。

彼らは知能指数が高くて勉強はできたかもしれないが、自分たちと同じ価値観の持ち主としか関わらなかったために、逆に頭の良さが仇《あだ》となってしまうのだ。

幸い私は会社員時代から現在まで殺意を抱くほど価値観の合わない相手に囲まれてきたため、少なくとも頭が固くなることだけはなかった。

勘違いしてもらいたくないが、価値観の合わない相手とは犯罪者とか詐欺師のことではない。

敬意をベースとした上で、どうしても意見が合わない相手だ。
価値観の異なる人や本と接しなかった日は、何も学ばなかった日だ。

06

一流の人が、他人の見ていない時にやっていること。

格上の相手の異なった意見を聞いている。

07 暗記のトレーニングをする。

あなたは記憶力に自信があるタイプだろうか。

ひょっとしてあなたは記憶力というのは生まれつきの才能で決まるとは思っていないだろうか。

結論から言ってしまおう。

記憶力だけではなく、知能指数も含めて頭のデキはすべて遺伝で決まる。

要は脳の排気量はアプリオリに決まっているのだ。

ここまでハッキリ述べてくれる本は少ないだろうが、本書はあなたの人生を本気で変えようと思っているから、命懸けで本音をお伝えしたい。

本気で何かを成し遂げようと思ったら、まずはありのままの現実を受容しなければならない。

現実を受容しなければ最初の一歩目から大きく踏み外してしまい、結局遠くて大きな目標は夢のまま終わってしまうからである。

私はあなたに夢想家ではなく、一流の成功者になってもらいたいのだ。

もしあなたの頭が多少悪くても、事実を受容した上で工夫《くふう》を凝らせば必ず逆転できる。

原動機付き自転車が原動機付き自転車であることを正面から受容すれば、フェラーリを装った軽自動車に楽勝できるのだ。

何を隠そう、私自身は自分が原動機付き自転車であることを受容している。

なぜ普通自動車やスポーツカーに私のような原動機付き自転車が勝てるのかと言えば、普通自動車やスポーツカーの連中は事実を受容していなかったからである。

それ以外の理由はどれも些細《ささい》なものばかりだ。

たとえば記憶力が著しく劣っている人が、人並みの記憶力の持ち主に勝つ方法は簡単である。

締め切りまでに憶《おぼ》えなければならない内容を毎日眺めればいいのだ。

英単語を1000語憶えたければ、できれば寝入り端と起床時に各1回、昼間に20分以上間隔を空けて2回、計4回を毎日1単語1秒間だけ憶え続けることで、半年後にはほぼすべて記憶できているだろう。

受験勉強や資格試験など膨大な暗記量を求められる場合にも同様で、毎日4回1秒間だけ憶えることを半年間続ければ、万全の態勢で本番に臨めるものだ。

これはあくまでもかなり記憶力が劣った人を想定しており、ここまでやらなくても憶えられる人もいることは百も承知している。

だが並の記憶力でサボっている人より確実に記憶できる方法であり、その後の人生にも大きく差をつけられるはずだ。

もう一度強調しておくが、あなたの頭が遺伝的に優れているか否かより、潔く事実を受容することで勝てる方法が必ず見つかるのだ。

私が学生時代に貪り読んだ脳科学者や医学博士の本には、「身体を動かしたほうが記憶力は高まる」「記憶を刻むには良質の睡眠が欠かせない」といった内容が書かれており、どれも効果絶大だった。

これらにはどれも個人差があるので、あなたもあなた〝ならでは〟の記憶の勝ちパターンを発掘してもらいたい。
記憶の勝ちパターンさえ発掘してしまえば、もうあなたは暗記コンプレックスとはオサラバだ。

07

一流の人が、他人の見ていない時にやっていること。

記憶力の良い人に勝てる方法を見つけている。

08

思考のトレーニングをする。

あなたは思考力のある人に憧れているだろうか。

思考力が養われれば世界の見え方もずいぶんと変わってくるのではないかと思ってはいないだろうか。

結論から言ってしまおう。

思考力を養うことで世界の見え方だけではなく、日常であなたの隣にいる顔ぶれも一変する。

思考力はあったほうがいい能力ではなく、なければ一生使いっ走り人生で終わってしまう決定的な差をつける能力なのだ。

では思考力というのは努力で補えるのだろうか。

もちろん補える。

生まれつき思考力の高い人もいるが、低い人でも今から述べる方法で10年間継続すれば、必ず思考力のある人の仲間入りを果たせることをお約束しよう。

別に難関校の受験勉強や超難関資格試験のように10年間猛勉強する必要はない。

たったひとつの習慣をあなたの人生に追加すればいい。

誰でも一日ならできるが、この習慣を10年継続させることができれば一頭地《いっとうち》を抜くことができる。

最強の思考のトレーニングとは、日常で起こったことに対してこれまでより一回だけ多く自分に「なぜ？」と問いかけることである。

朝のニュースで何かの報道が流れてきたら、「なぜ？」と問いかけながら通勤電車で考え続ける。

会社で上司に急用を命じられたら、「なぜ？」と問いかけながら真意を洞察して仕事を仕上げる。

飲み屋で不愛想な店員に遭遇したら、「なぜ？」と疑問に思いながらその店員の過去の生い立ちに思いを巡らせたり、自分自身が何か不快な言動をしていなかったのかを省みたりする。

こうして「なぜ？」といちいち考えることによって、あなたは飛躍的に思考力が増していくのだ。

もちろん読書の最中でもこれは継続してもらいたい。

本書を読んでいる、まさにこの瞬間も「なぜ？」と問い続けてもらいたい。

ここで大切なことは、あなたの「なぜ？」には模範解答は存在しないということである。

常に自分の頭で考え続け、自分なりの答えを出さなければならない。

「なぜ？」と考える習慣は、考えたことがない人にとって最初はしんどいかもしれないが、日に日に「なぜ？」と考え続けることが快感になっていくと思う。

半年もすれば「なぜ？」と考えないことが気持ち悪くなり、「なぜ？」と考えずにボーッとしている連中とは同じ空間で呼吸するのが苦痛になってくるだろう。

それはあなたの性格が悪くなったのではなく、あなたの思考力が向上して人生のステージが変わったからである。

少しだけヒントをささやいておくと、一時期、高齢者の自動車事故や、あおり運転のニュースが頻繁に流れていたのはなぜだろうか。

こうしたニュースを流して国民を洗脳することで、誰が得をするのかを考えてみることだ。

あるいは時短や早帰りブームを生み出すことで誰がいちばん得をするのかを考えてみることだ。

他人が発信する情報にはすべて何かの企《たくら》みがある。

08

一流の人が、他人の見ていない時にやっていること。

常に自分の頭で「なぜ？」と考えている。

PART

2

一流の人が、他人の見ていない時にやっている「時間の使い方」

09

周囲より速くできることを見つける。

いきなり結論から入るが、あなたの人生で最高のパフォーマンスを出したければ方法はひとつしかない。

自分の得意分野で楽勝し続けることだ。

楽勝し続けることで時間を生み出し、さらに楽勝できるようにあなたの武器を磨き込むのだ。

だが「自分には特に才能がない」「他人より評価されたことが何も思い浮かばない」と思い込んでいる人は多い。

そんな人に自分の才能に気づいてもらう画期的な知恵がある。

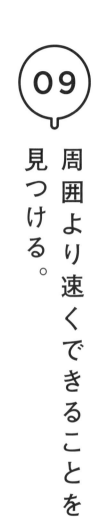

それは自分が周囲より速くできたことを思い出すことだ。

たとえば数学の問題を解くのが周囲より桁違いに速かった人がいれば、論理的思考能力がその人の才能かもしれない。

あるいは事務処理が周囲より速かった人がいれば、事務能力がその人の才能かもしれない。

スピードというのはその人の才能のとてもわかりやすい指標なのだ。

一流の料理人は例外なく調理のスピードが速いし、一流の画家はデッサンのスピードが猛烈に速い。

著述家の世界でもこれは同じで、凡人から見たらプロは想像を絶するスピードで文章を書き上げる。

進学校で学年断トツの成績優秀者は、問題を解くスピードも断トツだったはずだが、これも遺伝的な頭の良さが顕在化したものである。

あなたも他人の能力に感心している場合ではない。

あなたの人生を振り返れば、必ずあなたにも周囲より速くできたことが思い出せるはずだ。

もし思い出せなければ両親や祖父母、兄弟姉妹に聞いてみたり、幼馴染《おさななじ》みや同級生、会社の同僚・上司・部下に真剣に聞いてみたりするのもいいだろう。

あなたの本気が伝われば、相手も本気で思い出して教えてくれるはずである。

厳しい言い方になるが、あなたが習得するのに周囲より時間を要したことは才能ではないことが多い。

これだけはあなたに憶えておいてもらいたいが、成功は努力に比例しないという紛れもない現実である。

成功は才能に比例し、努力は自己満足に比例するのだ。

その証拠に報われない努力家たちの口癖は、「負けたけどよくやった」「負けて良かった」という負け犬の遠吠《とおぼ》えばかりだ。

綺麗事を抜きにすると、せっかく奇跡的に授かった命だからこそ、やっぱり人生は勝ったほうが断然楽しい。

これは私自身が負け続けの人生だったからよくわかるのだ。

私の10代は負け続けの人生であり、何かで勝った記憶がまるでない。

ところが20代以降はまるで別人のように勝ち続けの人生に突入した。

理由は様々あるのかもしれないが、私自身が強く意識しているのは自分の才能で勝負していることだけだ。

私の絶不調はセミプロの絶好調とほぼ同じ実力だと確信しているし、その目利きが間違っていなかったからこそ今日までやってこられたと思う。

さて、次はあなたの番だ。

09

一流の人が、他人の見ていない時にやっていること。

楽勝し続けることで最高のパフォーマンスを発揮している。

10 人前で誰でもできる仕事をしない。

あなたは誰でもできることが自分にできないと不安にならないだろうか。

それは人間の本能だからゼロにすることはできないが、実はその本能こそがあなたの成功を妨げていると言えるのだ。

あなたの人生に与えられた時間はほぼ決まっている。

だったらその限られた時間であなたがしないことを決めるべきである。

あなたの限られた時間と才能で最大のパフォーマンスを発揮したければ、誰でもできる仕事をしないことが大切である。

特に誰でもできる仕事をやっている姿を人に見せてはいけない。

そういう姿を見ると周囲はあなたのことを凡人であると見なすし、あなたもそう扱われているうちに気づいたら凡人になっている。

一度同じ組織内で凡人と見なされたら最後、周囲はあなたに永遠に誰でもできる凡人にふさわしい仕事を与え続けるようになる。

以上は私が大学時代の読書を通して予習したことだが、学生時代はもちろんのこと社会人になってからもこの教えを徹底した。

出張精算や雑用は極力誰もいない時間帯や場所でさっさと処理してしまい、人前ではクリエイティブな仕事ばかりをしていた。

こればかりは常軌を逸するほどに注意して習慣化していたものだ。

そうすると周囲が私を見る目は変わり、次第に先輩社員や上司から雑用を与えられなくなるし、同僚からも一目置《いちもく》かれるようになる。

結果として最短コースで出世できたというわけである。

会社勤めの経験者であれば誰でも首肯すると思うが、部長クラスで誰でもできる仕事をせっせとやっていると自然に自分と同格と思えてこないだろうか。

中小企業なら社長が誰でもできる仕事を不器用にやっている姿を社員たちに見せて

しまうことで、すっかり威厳がなくなってしまうのだ。

「どうしてあんなに不器用で冴《さ》えないオヤジが自分より給料をもらっているのか」と見下されて、結果としてマネジメントや経営に悪影響を及ぼすのである。

私が経営コンサルタントをしていた時には、「社長しかできない仕事をやってください」「誰でもできる仕事を必死にやらないでください」と口うるさく伝え、それを死守してもらった。

少なくともそれで地位が高まるし、さらに本当に自分にしかできない仕事をやるようになるから、組織も成長するというわけである。

翻って、あなたはどうだろうか。

あなたは会社の経営者でもなければ、フリーになって世に出たいわけでもないかもしれない。

だがたとえあなたがどんな職業に就いていたとしても、人前で誰でもできる仕事をしないことで損をすることはひとつもないだろう。

むしろこれまでの人生が変わるはずである。

特に何かひとつに秀でているものの、全体としては不器用な人はこの生き方で出世が望める。

人前で何気なく過ごしている時間に、あなたの評価は決められていくと肝に銘じよう。

10

一流の人が、他人の見ていない時にやっていること。

凡人にふさわしい仕事はやらないことに決めている。

11 ランチは抜きか、ズラす。

私が会社勤めの時代はランチのつき合いが滅法悪かった。

基本的にどんなに偉い人から誘われても、「どうしても手が離せない」「先約がある」と嘘《うそ》をついてすべて断っていた。

今振り返ってもあの頃の自分を「よくやった！」と褒めてやりたいし、嘘をついたことに対しては微塵《みじん》も反省していない。

もちろん上司や先輩、同僚の誘いなどはすべて秒速で断り続け、すぐに誰ひとりとして私を誘わなくなった。

ありがたい話である。

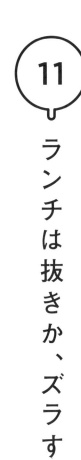

私がランチタイムは不要だと思うようになったのは、ランチ抜きだと明らかに仕事がはかどるとわかったからである。

最初は多忙でランチを抜いたままで仕事をしていたのがきっかけだったと思うが、空腹だと感じたのは自分の思い込みであり、とても頭も冴えて仕事に没頭できたのだ。「ランチ抜きでも意外に平気だ」と思ってそれを継続しているうちに習慣となったのだ。

勘違いしてもらいたくないが、あなたにランチ抜きを強要しているわけではない。その証拠に私も空腹に耐えられない場合は、時間をズラしてランチをしていた。

私があなたに理解してもらいたいのは、空腹でもないのに無理にランチをする必要はなく、場合によってはランチを抜くか時間帯をズラすことも考えてはどうだろうという話だ。

完全フリーになった今では睡眠も食事も自分の本能の欲するままに確保しているが、空腹でもないのに無理にランチをすると頭の回転も鈍くなるし仕事もできなくなるから絶対にそんな愚かなことはしない。

私はかれこれ20年以上もランチ抜きで生きてきたが、マイナスポイントはひとつも

ないばかりかプラスポイントばかりである。

人はやや空腹状態のほうが頭の回転も速くなり、体調も良好になる。

ランチタイムなどないという習慣になるとぶっ通しで仕事ができるし、昼間に眠くなることは一度もない。

さらにランチ抜きのほうが仕事のスピードも速くなるから、労働時間も途端に短くなる。

私が会社勤めの時代はランチ抜きであったためか、午後1時に他の社員が満腹で帰ってくる頃にはすべての仕事を終えていたものだ。

午後からは外回りのふりをしてそのまま直帰していたから、今とそれほど大差ない自由な人生を満喫していた。

だから空腹でもないのに無理に食事をすることは今でもしないし、満腹になるまで食事をすることもない。

それらはダイエットのためではなく、頭の回転が鈍くなって仕事に支障をきたすからである。

私にとっていちばんの損失であり痛手は自分の頭の回転が鈍くなることだから、空

腹でもないのに食事をすることだけはしないのだ。

あなたもただ何となくランチタイムだからランチをしていて、午後から睡魔と闘うような無駄な人生を送っているのなら、今すぐそんな人生とは絶縁すべきである。

集団ランチからイチ抜けると人生は拓《ひら》ける。

11

一流の人が、他人の見ていない時にやっていること。

ランチ後の睡魔とは無縁の働き方をしている。

12 長時間労働より、教養。

二十数年前は私も新入社員だったが、当時から私は残業という意識は低かった。

好きな仕事に没頭し、たまたま長時間会社にいればそれが残業になっていただけだ。

基本的に会社にはほとんどいなかったが、その時間に何をしていたのかと言えば、大手書店に入り浸って本を読んでいた。

今振り返ってもあれは楽しい思い出である。

たまに7時間や8時間も書店で好きなだけ本を読み、本を買って鞄《かばん》がパンパンになっていた。

1秒も仕事をしないでそのまま会社に戻り、大きく膨らんだ鞄を上司や先輩に指摘されたことは一度や二度ではない。

大学時代に読書に目覚めて以降、この習慣を社会人になって途絶えさせるのはもったいないし、それは私にとってあり得ない話だった。

周囲の常識はともかく、どう考えても会社の仕事だけしか知らない人間になるのは怖いことだと思っていた。

会社の仕事はきちんとやるが、それ以上に私は教養が大切だと確信していたのだ。なぜなら社会的に地位が高い人たちは、そろいもそろって教養があふれていたからである。

私が憧れる著述家たちも例外なく教養に満ちていた。

会社の課長や部長、取締役でさえも私が考える本物の成功者には程遠かったから、将来この人たちと一緒になっては大変だと反面教師にしていたのだ。

もちろんその職業に就く者として最低限の知識や資格はすべて最短・最速で取得した。

だがそれでも私が読書を通して体験させてもらった賢者の世界には遠く及ばず、没頭するほどの価値は最後まで見出せなかった。

転職先の経営コンサルティング会社は多少マシになり、講演や顧問先の研修などで私の教養を披露することが可能になり、やり甲斐《がい》を感じることができるようになった。どんどん教養の幅を広げて深掘りをすることで私の仕事のスキルに直結させることができたから、今でもあの転職は大成功だったと感謝している。

その転職先では出版のチャンスもつかむことができて、今の文筆業の礎を築くこともできた。

これらはすべて私が教養を残業より重んじてきた結果だ。

あなたにもきっと当てはまると思うが、定年後の人生は定年前の人生と同じくらいに長い。

もし定年後の人生を本気で充実させたければ、趣味や教養がなければならない。

仕事ひと筋だった人間は本当に退屈でつまらない人間になってしまうからだ。

熟年離婚では多くの場合、夫が妻に捨てられるが、それは妻のほうが定年後の楽しみ方を知っているからである。

こうした厳しい現実を突きつけると、「誰のために何十年もの間、会社に身をささげてきたと思っているのか！」と怒鳴られそうだが、そうした20世紀型の思想はもう古いのだ。

彼らも本当は薄々気づいていたはずであり、変化する勇気がなかった自己責任である。

以上を踏まえ、あなたがどう生きるかはあなたが決めればいい。

12

一流の人が、他人の見ていない時にやっていること。

会社にいる時間より書店にいる時間を大切にしている。

13

一日だけ10時間勉強するより、20分の勉強を1カ月間継続する。

同じ10時間でもその使い方によって結果はまるで違ってくる。

それは同じ100万円でもその使い方によって結果が違うのと同じだ。

たとえば一流になれない人や成功できない人には一日だけ猛烈に頑張る人が多い。

筋トレも勉強も一日だけ猛烈に頑張ってもほとんど効果が出ないどころか、むしろ逆効果になる。

筋トレは身体を壊す可能性もあるし、勉強はますます嫌いになってしまう可能性もあるからだ。

それよりは毎日小分けにして継続することで一生ものの財産になることを知っても

らいたい。

否、知ってもらうだけではなく、行動に移して習慣化してもらいたい。

人生で一日だけ10時間勉強するのは誰でもできるが、20分の勉強を1カ月間継続するのは極めて難しい。

それは習慣化することに失敗したからである。

どうすれば習慣化できるかと言えば、自分以外の誰かを巻き込んで仕組み化してしまうことだ。

たとえば私は2016年から「真夜中の雑談」という音声ダウンロードサービスを開始した。

毎月2回45分間の対談を発信しているが、気がついたら4年間続いており商品数もゆうに100を超えている。

この先も淡々と継続すると思うが、一度も無理に頑張ったことはない。

私以外の他人を巻き込むことで毎回書斎にスタッフが訪問して収録するという流れを作り、完全に仕組み化しているからである。

私が音声ビジネスをやろうと思ったのは、掃除中にネットで様々な音声をワイヤレスヘッドホンで聴きながら勉強をしていたのがきっかけだった。

ここだけの話、「よく考えたらこの程度なら自分にもできる」と気づかされたのと、音声コンテンツは回数を重ねればもうそれだけで莫大《ばくだい》な資産になると直感したからである。

紙の書籍のように絶版もなければ、食品のように賞味期限もない。

つまり私やスタッフがこの世を去ってからも人類の歴史が続く限り、半永久的に遺《のこ》せるというわけである。

そう考えると継続力がいかに大切で、あなたの価値を高めることにつながるかをご理解いただけるのではないだろうか。

一例としてあなたが英語学習を開始したとしよう。

毎日勉強風景や今日やったメニューの反省を動画で面白おかしく20分だけ流すと、それを楽しみにしてくれる視聴者が世界中に増え続けるかもしれない。

すでにそういう人は国内でも続出しているが、仮に人気者になれなくても、ただそれだけの工夫《くふう》で自分の勉強が継続できる仕組みが創れるのである。

英語以外にも歴史や美術館巡りなどでもこれは応用できるだろう。

もちろん秘技や核心部分は公開する必要はない。
人知れず粛々と勉強すればいい。
ただあなたのモチベーションが維持できる手段として他人を巻き込むのだ。
なぜ継続力が大切なのか。
人は誰もが継続するのが苦手であり、継続できた相手に一目置くからだ。

13

一流の人が、他人の見ていない時にやっていること。

無理に頑張らず、淡々と継続する仕組みを創っている。

14 自分の集中の持続力を知り、それに合ったことをやる。

これは他人に口外しにくいことだと思うが、あなたにはあなたの集中力の限界時間があるはずだ。

もちろん好きなことであれば時間を忘れて没頭できるし、嫌いなことであれば1分も集中力が持たないだろう。

それはそれで構わないが、**「この種のことをやるのに自分の集中力が保てる時間はこのくらい」と把握をしておいたほうがいい。**

たとえば数学の勉強は1時間が限界だとか、英語の長文読解は30分が限界だというように。

あるいは単純な事務作業は15分が限界で、クリエイティブな制作作業は2時間が限界だというように。

そうした自分の集中の限界を踏まえた上で、与えられた時間に合ったことをやればいいのだ。

多くの人が失敗するのは、自分の集中の限界を知らずにずっと集中力を発揮し続けられると勘違いしているからである。

たとえば私の場合は単純作業の集中は最大30分しか続かなかったから30分以内で終わるように工夫《くふう》をしてきたし、30分の時間が生まれればそこで集中して処理していた。あるいは経営コンサルタントとして顧問先を訪問して集中できるのは3時間までだったから、訪問時間を3時間に設定していた。

これ以上私に滞在を強要されると本当にただいるだけになってしまい、腑抜《ふぬ》け同然だった。

現在の執筆業に関してはほぼエンドレスで集中できるが、それでもアトランダムに区切りのいいところでコーヒーブレイクを取っている。

ただ私の場合はコーヒーブレイクと言っても、コーヒーを飲みながら執筆しているから他人から見れば休憩にはなっていないかもしれないが。

これは私が私淑する本の著者の仕事スタイルと同じであり、彼も執筆のスピードが速いわけではなく書いている時間が長いのだと本で述べていた（もちろん素人から見れば彼は超人的なスピードで執筆しているはずだが）。

あなたは執筆するプロではないかもしれないが、何かのプロとして生きているはずだ。

今の仕事を分解すれば必ずいくつかの種類に分類できるはずであり、それぞれにあなたの集中の持続力があるはずだ。

仕事にあなたの集中力を合わせるのではなく、あなたの集中力に仕事を合わせるのだ。

何やら地動説を唱えたコペルニクス的なパラダイムシフトに聞こえるかもしれない。しかしそうすることで同じ仕事をやっていても、あなたの集中力は違ってくるし、あなたの仕事の仕上がりも格別になってくるはずだ。

ひょっとしたらあなたが大嫌いなことや苦手だと思っていることも、集中の持続力を知ることで天才的なパフォーマンスを発揮できるかもしれない。

人の集中力とはそれほどまでに個人差があり、長ければ良いというものでもなければ短ければ悪いというものでもない。

あなたが授かった各分野における集中の持続力を受容し、活《い》かすことで人生は好転する。

14

一流の人が、他人の見ていない時にやっていること。

自分の集中力の持続力に合わせて仕事を分類している。

15 眠いまま3時間やるより、90分寝てから90分やる。

たとえば締め切りまであと3時間しか残っておらず、一夜漬けの勉強や残業を片づけなければならないが、眠くて仕方がないとしよう。

こうならないように段取りを考えて勉強や仕事をすべきだが、多くの人は一度や二度は若い頃にこうした経験をしているだろう。

私もそうした経験を何度もしたことがある。

そうした究極の状況でどうすれば3時間を最大限に活用できるのだろうか。

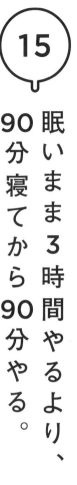

それは前半の90分間を潔く睡眠に投資することである。

90分とは睡眠の1サイクルであり、レム睡眠とノンレム睡眠を経て頭と身体をリフレッシュできる（そのまま寝続けて2サイクル経過してしまうと、さらに頭と身体をリフレッシュできるが、その場合、勉強や残業はゲームオーバーとなる）。

90分間の睡眠で頭と身体の疲労はかなり回復できているはずだから、残り90分に勝負をかけるのだ。

これだけは断言してもいいが、眠い目をこすりながらコックリ、コックリして勉強や仕事に取り組んでも実質は熟睡したあとの30分に相当する量もこなせていないし、これが質となれば桁違いに低いだろう。

睡眠を削りながら何かに取り組むというのは、そのくらい効率の悪い行為であり、最終的にはあなたの時間と寿命の無駄遣いになる。

だから私は人生の中心に睡眠を置いている。

私にとって睡眠は固定費でもなければ必要経費でもなく、未来への最高の投資なのだ。

生きるためにやむを得ず寝るのではなく、熟睡を堪能するために毎日を懸命に生きている。

睡眠が人生のオマケではなく、睡眠が人生の主役なのだ。

何かが滞ったりどうも運気が下がってきたりしたら、私は真っ先に自分の睡眠不足を疑うことにしている。

ハッキリ言ってしまえば、人は睡眠さえしっかり確保していれば人生は何とでもなるのだ。

人の健康状態も国の政治経済もあらゆる問題は睡眠不足から生じるのであり、睡眠不足は諸悪の根源だと考えて間違いない。

何やら一夜漬けの勉強や残業の話題から大きな話になってしまったが、そのくらい人類にとって睡眠は大切なのだ。

私の父も創業期に会社経営で多忙を極めていた時期があったが、それでも彼は絶対に睡眠時間だけは確保していた。

一度も徹夜をしたことがないと言っていた。

かれこれ30年以上会社が存続しているのは、彼が睡眠時間だけは絶対に削らなかったからだと私は分析している。

どんなに切羽詰まっても睡眠時間を削ってはならない。

むしろ切羽詰まった時にはそのまま寝てしまうのがいちばんである。

私はこれまでの人生で今のところ切羽詰まった状況に陥った記憶は一度もないが、それはきっと毎日熟睡しているからだと確信している。

新入社員の頃もよく隠れ家で昼寝をしていた。

睡眠を削らなければならないことはやるべきではない。

睡眠に忠実なら、すべて正しい。

15

一流の人が、他人の見ていない時にやっていること。

どんなに忙しくても、絶対に睡眠時間だけは確保している。

16 ボーッとする時間を確保する。

意外に思われるかもしれないが、深く思考する時間も大切だが何も考えない時間も同じくらい大切だ。

正確には何も考えないことは極めて難しく、睡眠中でさえも脳は夢という形で過去の記憶の編集作業をしている。

脳は休むことなく常に働き続けているというわけだ。

だからこそあなたはあえてボーッとする時間を確保すべきなのだ。

私は昔からボーッとする時間が大好きだった。

正確には何も考えないというよりは、自然に委ねてボーッとしたまま心地良い時間を堪能していた。

脳のマッサージをしているような感覚と言えばわかりやすいだろうか。

さらに驚くべきことに、こうしたボーッとしている時間には水回りと同様にアイデアを授かりやすいことにも気づかされた。

これはどういうことかと言えば、**アイデアというのは知恵を絞ってウンウンうなっている間は授かりにくく、アイデアに対する執着がふと消えた瞬間に授かるということである。**

つまり普段から頭を使って考え抜いていると、思考を緩めてリラックスした瞬間にアイデアが降りてくるというわけである。

たとえば参考書や問題集とにらめっこしながら勉強ばかりしていてもなかなか解けなかったり憶えられなかったりした内容が、ボーッとしてリラックスしている間にふと謎が解けたり理解が深まって憶えられたりした経験はないだろうか。

あるいは職場の人間関係やノルマが達成できないためにずっと悩み続けていたけれど、ふと悩み続けるのをやめた瞬間に画期的な解決策をひらめいたことはないだろうか。

いずれも真剣に考え抜き、真剣に悩み抜いた結果、ふと執着を手放した瞬間に奇跡は起こったのだ。

私自身の人生を振り返っても奇跡としか言いようのない幸運が起こったのは、すべては執着を手放した瞬間だった。

ひょっとしたらスーパーコンピュータやＡＩ（人工知能）により、もうすぐ科学的にこうした奇跡の起こし方の謎が解き明かされるかもしれない。

しかし謎が解き明かされる前にあなたには奇跡を起こしてもらい、画期的なアイデアを授かって幸せになってもらいたい。

そのためにはあなたに振り子の法則を憶えておいてもらいたい。

振り子というのは一方に極限まで傾くと、次の瞬間もう片方に向かって動く。

つまり宇宙も我々の人生もこれと同じで、バランスが大切だということだ。

偏りすぎてはいけないがとりあえず一方に注力することが不可欠であり、「そろそろ限界かな」と感じたら今度は逆の方向に発想や行動を転換するのである。

深い思考を極限までしたら、今度はボーッとすることによって奇跡的なアイデアを授かるという仕組みがこの宇宙にはあるのではないか。

私の頭の中には常に振り子が存在しており、「自分は今こちらに傾いている」と自覚すると同時に、「行き詰まったら逆を試そう」と準備している。

16

一流の人が、他人の見ていない時にやっていること。

執着を手放すことで奇跡的なアイデアを生み出している。

PART

3

一流の人が、他人の見ていない時にやっている「お金の使い方」

17 ただ部下や後輩だという理由だけでおごらない。

これはすでに公言する成功者も増えてきたが、ただ部下や後輩という理由でおごるのはおかしい。

私は大学時代にこのことに気づいていた。

私自身も含めて部活の先輩やOBにご馳走《ちそう》になっても、いちおう「ご馳走になります」と感謝の言葉を口にするものの、その持続力はとても短かった気がした。

つまり私が同様に後輩にご馳走してもこれは同じで、なけなしのお金の見返りがないと冷静に判断を下したのだ。

もちろんこれまでにおごった経験は数え切れないが、私はそのたびに部下や後輩の感謝の持続力のその後を極めて細かく分析し続けた。

その結果明らかになったことがある。

たくさんご馳走した部下や後輩ほどつけ上がるようになり、感謝の念が薄くなってしまったのだ。

これは私だけの問題であり私のマネジメント能力不足だと考えていたが、どうやらそうではないらしい。

なぜなら社内外で一流の結果を出し続けているリーダーたちにこの課題を打ち明けたところ、彼らはとっくにそうした人間の本質を洞察し、ただ部下や後輩という理由だけでは絶対におごらないと異口同音に教えてくれたからである。

最近もある若手起業家がこの話を自分からしてきて、「私は部下や後輩には絶対におごらないと決めています。おごると感謝されるどころか、逆に馴《な》れ馴れしくなるから仕事に支障をきたします」とハッキリした口調で述べていた。

こうした経験からもいかに常識を疑い、固定観念を払拭する習慣が大切なのかがわかるだろう。

貧しい人が多かった昭和時代ならまだしも、現代のようにものがあふれて生活に困っている人が少なくなった時代は、たくさんおごってもらった相手にいちいち深く感謝しないのだ。

物価や為替がどうのという次元ではなく、お金の価値そのものがなくなってきているのだ。

昭和時代のように高級車に憧れる人は激減し、大豪邸に魅力を感じない若者も増えている事実は認めねばならない。

これらの現象は決して若者が欲しいのに痩せ我慢をしているのではなく、いちいちブランド品を誇示しなくても自分の欲求が満たされるほど豊かになった証拠である。

だからと言って、もちろん資本主義が今すぐ崩壊するわけではない。

きっとあなたが生きている間は形を変えながらも資本主義らしき社会は続くであろう。

紙幣や貨幣の存在がなくなっても、お金という概念が完全になくなることはないだろう。

だから私はあなたにお金を上手《じょうず》に使ってもらいたいのだ。

本書はすべて本音で述べているため誠にいやらしい話をするが、綺麗事を抜きにす

ると お金を使う行為はすべて投資である。
お金はあなたが今より幸せになるために使うべきだ。
おごった相手から感謝されないお金の使い方は間違っている。

17

一流の人が、
他人の見て
いない時に
やっていること。

お金は自分が今より幸せになるために使っている。

18 リスペクトを感じない相手からは買わない。

あなたは不愛想な店員からものを買って後悔した経験はないだろうか。

コンビニエンスストアやデパ地下、ブランドショップでの買い物、もっと大きな買い物だと冠婚葬祭などはどうだろう。

たとえば高級ブランドショップの店員は、学力と就活の偏差値は低かったのにプライドだけはやたら高い〝勘違いさん〟が多いのは誰もが知る事実である。

偏差値の低さを会社の看板でお手軽にカバーできると思い込んでいること自体が未熟者の証《あかし》だが、だからこそ必死で虚勢を張ってマウンティングをかましてくるのだ。

そんな相手から高い鞄や靴を購入しようものなら確実に運気が落ちてしまう。

あるいは結婚式の営業や打ち合わせで相手のスタッフが人生論を熱く語ったり、説教を垂れてきたりすることはないだろうか。

しかもそのスタッフは人生が上手《うま》く運んでいなかったり、結婚をしたことがなかったりするものだ。

自分の低スペックを棚に上げて、目の前の幸せそうなカップルを虐《いじ》めることで鬱憤を晴らしているという醜さを洞察すべきである。

そんな相手に自分の大切な結婚式をコーディネートしてもらっては、間違いなく不幸な人生のきっかけになってしまう。

さて私は今から非常に大切なことをお伝えするから、どうか心して読んでもらいたい。

綺麗事を抜きにすると、お金とは力である。

これを一生忘れるべきではない。

あなたが稼いだお金は、あなたにリスペクトを感じない相手に渡すべきではないのだ。

先ほどの高級ブランドショップで言えば、店員にマウンティングをかまされたら中座して帰ってくるべきである。

さらに本部にクレームのメールを入れておくことだ。

ついあなたが妥協して商品を購入してしまうと、その店員の売上成績にカウントされて給料がアップし、そのお金で美味《おい》しいものを食べられてしまう可能性がある。

それだけは避けたいだろう。

これは冠婚葬祭・生命保険・自動車・住宅などにもすべて当てはまる。

あなたに対してリスペクトを感じない相手からは絶対に購入すべきではない。

よくインチキコンサルタントやド派手な生活をして会社を倒産させた元経営者たちがこんなことを言っていた。

「お客様と販売員は対等である。我々はお金をもらう代わりにそれに相当するサービスを提供しているのだから……」

それは傲慢というものだ。

この資本主義の下では、お金を払う側はお金をもらう側より上である。

屁理屈《へりくつ》をこねてこの原則を忘れると資本主義という大海の中では生きていくことができない。

つまり存続を許されないということだ。

本書をAmazonで購入された方も多いと思うが、まさにAmazonこそが顧客を中心に考える企業である。

創業者のジェフ・ベゾスは「我々が注意を払う相手は顧客であって、競争相手ではない」と述べている。

あなたに敬意を払えない相手を養ってはいけない。

18

一流の人が、
他人の見ていない時にやっていること。

マウンティングする店員に出逢ったらクレームを入れている。

19

情報は無料で収集しても、知恵には惜しみなくお金を払う。

インターネットが世の中に浸透してもう久しいが、すでに情報は無料になってしまった。

わざわざ学校に行かなくてもネット上の無料動画で授業を受けられるし、しかも授業の腕前も平均的な学校の教師より上である。

つまり学校教育は知恵ではなく情報を学ぶ場であることが浮き彫りになった。

私たちが今でもお金を払わなければならないのは、知恵に対してである。

有料の知恵と無料の情報は何が違うのか。

それは**無料の情報を何度か掛け合わせたものが有料の知恵になるということだ。**

たとえば今から30年前だと「高級外車に備えつけられた3kgもある無線電話」×「手のひらサイズのポケベル」で、現在のような小学生でも所持しているような携帯電話の誕生につながった。

あるいは「会社に1台ある巨大パソコン」×「鞄に入る黒手帳」で、現在のような会社から全社員に配布されるノートパソコンやタブレットの誕生につながった。

稀《まれ》にインターネット上にもその時点では知恵に相当するコンテンツが流されていることもあるが、それらはすぐに真似をする人たちが殺到するから、瞬時に情報へと落ちぶれてしまう。

念のためそれは有能な人物が故意に知恵を無料で流したのであり、次第に「有料でも絶対に欲しい！」という人を何％か集めることを想定した戦略である。

何を隠そう、私自身が独立した当初は惜しみなくブログでこれまで培った知恵を公開し続けてきた。

特定の業界ではそれなりに知名度はあったものの、世間的にはまだ無名だった私の実力を知らしめるためである。

最終的に書き貯《た》めたブログはすべて書籍化されたり、有料化されたりして換金できた。

どうして私が知恵を生み出しながら今日まで生きてこられたかと言えば、やはり私自身が知恵に惜しみなくお金を払い続けてきたからだろう。

有料の知恵に囲まれて実力をつけた人は、無料の情報からでも自分で掛け算をして知恵に昇華させることが可能になる。

だが無料の情報に囲まれてケチってきた人は、自分で掛け算ができないから永遠に無料の情報を追い続ける人生になる。

とても大切なことなので繰り返すが、たとえその時点では知恵に匹敵する価値があっても、インターネット上で流れた瞬間にそれは情報になる。

だからインターネット上で流される前の知恵をゲットしなければならないのだ。

そのために現時点でいちばん効率がいいのはお金を払うことである。

目利きの一例を述べておくが、法外に高い情報商材や経歴的に怪しい人物が発信している〝知恵もどき〟には近づくべきではない。

基本的には10万円を超えると偽物の比率が急激に高まり、正々堂々と学歴を公開していない人は信用に値しないことが多い。

以上をクリアして、あなたが好感を持てる相手なら知恵を買ってもいいだろう。
知恵ほど安い買い物はない。

19

一流の人が、
他人の見て
いない時に
やっていること。

インターネットにない情報を得るためにお金を使っている。

20 即断即決を迫られたら断る。

高額商品の歩合制販売員には即断即決を迫る輩《やから》が多い。

なぜなら売っているサービスが値段に見合う価値がないことを熟知しているから、さっさと売り逃げしたいのだ。

私が会社勤めをしていた頃も営業先の社長相手に、「この場で即断即決できないのであれば、あなたは経営者失格ですよ！」「奥さんにいちいち相談しなければならないということは、実際にはあなたではなく奥さんが社長ですよね！」といったトークで荒稼ぎをしていた輩もいた。

なぜそんな売り方をしたのかと言えば、相手のいちばん気にしているポイントを洞

察し、それを徹底的に揺さぶることによって思考を麻痺《まひ》させるためである。

あなたはこれを知って怒り心頭に発したかもしれないが、営業というのは大なり小なりそうした仕事である。

そもそも人にものを売りつけるために浅い心理学を勉強するのは卑しく醜い行為だと私は思う。

しかるべきビジネスの経験を積んできた人であれば誰もが気づいているように、これから営業という仕事は消滅する方向へ向かうだろう。

それはあなたの日常を見ていても理解しやすいのではないだろうか。

たとえばアポなしの飛び込み営業は迷惑極まりないし、水準以上のマンションでは全面禁止されるようになった。

これは今まさに私が属している出版業界も例外ではない。

次々に近所の書店が店仕舞いをしているし、出版社の倒産ニュースがあとを絶たない。

昔ながらの出版社の営業担当が割り当てられた地区の書店にせっせと足を運び、できるだけいい場所に並べてもらう〝書店営業〟が時代遅れになってしまったのだ。

時代は「自分以上に自分を熟知している」Amazon型のマーケティングに完全にシフトした。

Amazonから届く「おススメ商品」メールにはあなたも驚いたことがあるだろう。あなた自身よりあなたの嗜好を理解しており、「どうしてこれが欲しいってわかるの?」となってしまうほどだ。

私もそれで散々Amazonで買い物をしているし、生身の人間と取引をするよりずっと快適で後悔も少ない。

生身の人間と取引をすると返品がすこぶる面倒で相手に気を使うが、Amazonだと躊躇することなく一瞬で返品できる。

以上のことからもう生身の人間が営業をする時代は終焉《しゅうえん》を迎えたということである。

あとはどれだけこうした歩合制販売員やそれを束ねる会社が悪あがきをするかだ。

そうは言っても明日から生身の人間による営業が完全に抹殺されるわけではないから、あなたはそれ相応の防御術が必要になる。

そのひとつが即断即決を迫られた瞬間、必ず断る勇気を持つことだ。

勇気というより、これは習慣の問題である。

もし相手に即断即決を迫られたら、間髪入れずに相手の話を遮ってこう言おう。
「即断即決を迫られた相手からは絶対に買わないと決めています！」

20

一流の人が、他人の見ていない時にやっていること。

売り込みは断ることを習慣づけている。

21 無料お試しセットが役に立ったら、ちゃんと買う。

私が経営コンサルタント時代に出逢った数多くの成功者たちの生きる姿勢から教わったありのままの事実を公開しよう。

長期的な成功者たちは無料お試しセットが役に立ったらちゃんと買っていたのに対して、短期的な成功者たちは無料お試しセットで人生を埋め尽くしていた。

こうして本を書くからにはさらに真実を述べなければならないが、前者は顔つきが潔いのに対して、後者は顔つきが卑しかった。

顔つきの卑しさをさらに分析すると、目の奥が濁っていると表現するのがいちばんしっくりくるだろうか。

自業自得と言えばその通りだが、無料お試しセットで人生を埋め尽くしているだけあって会社の経営スタイルも卑しいし、スタッフに対する金払いもすこぶる悪かった。

それまで私が周囲の大人たちから教わった「人を見かけで判断してはいけません！」という教えは、すべて嘘だと確信した。

人は100%見かけで判断すべきだ。

人知れず善行を積んできた人は必ずそれにふさわしい顔になるし、人知れず悪行を重ねてきた人は必ずそれにふさわしい顔になる。

それは人が善行を積む時には善の表情になり、人が悪行を積む時には悪の表情になるからである。

それを何百回や何千回と繰り返しているとそうした顔の表情の筋トレをしていることになるから、人相学というのは科学的根拠があるのだ。

初当選前の政治家が善人の顔だったのに、何十年も経《た》ってすっかり政治屋に落ちぶれた頃にはいかにも悪人の顔になっているのは、長年人知れず悪行を積んできた結果である。

ここに議論の余地はない。

無料お試しセットから話が飛躍したが、本質は変わらない。

無料お試しセットはあなたに無料で快適になってもらうために提供されたのではない。

無料お試しセットは自社の商品を購入してもらうために、必死でその会社が提供したのである。

ここで私は正義の代表として無料お試しセットの真意を理解してもらいたいのではなく、無料で提供されたものに対して細部に至るまでの想像力が人の価値を決めるという事実をあなたに理解してもらいたいのである。

私は長期的な成功者たちの生き様から散々無料お試しセットに対する姿勢を教わってきたため、私自身もこれまでに無料お試しセットを自腹で配布しまくってきた。

そしてそれらの無料お試しセットを正当に評価してくれた人だけをお客様としてきた結果、今の私がある。

以下はあくまでも私の例として読んでもらいたい。

私が無料お試しセットを配布したあとには通常半年以内、遅くとも2年以内には複利でそれが返ってくる。

どのくらいの規模で返ってくるかと計算してみたところ、平均すると10倍くらいのことが多かった。

今ではこうした世の中の仕組みはとても美しいと思い、利益が出すぎた場合には必ずお客様に還元している。

21

一流の人が、他人の見ていない時にやっていること。

良い商品には正当な対価を払うことを心がけている。

22 不快を排除するためにお金を惜しまない。

「お金持ち」と呼ばれる人は資産10兆円以上の大富豪から資産数億円の小金持ちまで幅広いが、ここではいちおう平均的会社員の生涯賃金を稼ぎ終えたレベルを想定しよう。

本人の趣味や嗜好にもよるがギャンブルなどで桁違いの無駄遣いをしない限り、もう生きるために働く必要はないレベルである。

私の場合は会社勤め時代の蓄えもあり、その域に達したのは30代後半だった。

大学時代の読書や社会人になってから出逢った成功者たちから話を聞いて予習済みだったが、実際に自分がそうなると新しい発見は多い。

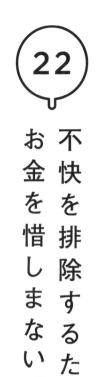

たとえばもともと私は物欲が弱いほうだったが、いくらお金があっても「これでやっと欲しいものが全部買えるぞ！」とは微塵も思わなかった。

もちろんお金がなければ絶対にゲットできない1次情報を獲得するために、億単位の資料代や調査費を使ってきた。

だがそれらはすべて質の高いコンテンツを提供するための素材であり、贅沢品《ぜいたくひん》ではない。

最終的に私がお金を惜しみなく使ったのは、不快を徹底排除することに対してだった。

たとえば都内のタワーマンションは賃料が高額だと思われているが、実際にはコスパがすこぶるいい。

完全防音で都内とは思えないほど静寂さを保っているし、建物のあちこちに防犯設備が何重にも設置されている。

宅配便が届いても放っておけばフロントで預かってもらえるのはもちろんのこと、飛び込みセールスは門前払いで撃退してもらえる。

実際に自分自身がお金持ちになって不快を味わった当事者でなければ、こうした環境は創れない。

ラグジュアリーマンションは余計な装飾品がついているわけではなく、不快をとことん排除してくれているからお金持ちは安いと感じて入居しているのだ。

課題としてはブランドショップの店員と同じで、ただラグジュアリーマンションで勤務しているというだけでフロントデスクやバレーデスク（車を預かるサービス）のスタッフがつけ上がることだろう。

さらに都内のシティホテルと同じく、マネージャーも勘違いしてつけ上がっている人間がたまにいる。

現場のスタッフやマネージャークラスでは本書を読めないか、たとえ読んでも真摯に反省する能力がないだろうから、せめて支配人には私の真意が伝わるといい。

いくら不快を徹底排除しても肝心のマンション内で勤務するスタッフたちが不快だと、これまでのすべての蓄積が水泡に帰すからである。

お金持ち同士はすべて裏でつながっているから、悪評が立つとすぐにそのマンションは倒産の危機に陥ってしまう。

1974年にノーベル経済学賞を受賞したフリードリヒ・ハイエクは、「平和とは戦争のない状態である」と定義した。

こうして本を読むからにはあなたも成功してお金持ちになる可能性が高いと思うが、究極の幸せとは快楽三昧の状態ではなく、不快がない状態である。

22

一流の人が、他人の見ていない時にやっていること。

不快な人間が発する運気の悪さを知っている。

23 人脈や人望につながるなら、死に金にはならない。

すべての取引は投資だと述べたが、もちろんたまには快楽や娯楽のために無駄遣いしてもいいいし、ギャンブルをたしなむのも悪くない。

大切なことはそれらで人生を埋め尽くして身を滅ぼさないことだからである。

たとえば人脈作りのために交流会に足繁く通うのは効率が悪いと思うが、交流会を開催する側になるのはかなりおススメである。

欧米では貴族たちが自分の大豪邸で連日パーティーを開催しているのは、それだけの価値があるためだ。

私が会社勤めの時には全国の経営者を対象によく交流会を開催していたが、そこで学んだことは交流会に参加するより、主催したほうが人脈は増えるという事実である。**コーディネートされる側より、コーディネートする側のほうが頼りにされるのだ。**

ひとつだけ主催者側の注意点を挙げるとすれば、質の低い参加者を徹底排除していくことである。

特に毛並みの良いエリートたちは、毛並みの悪い雑草に嫌悪感を抱く。

交流会にはマルチ商法や歩合制販売員が必ず好んで参加したがるが、ほぼ100%の確率で参加者に何か売りつけるためだと考えていい。

仮に本人たちがそうでないと言い張ってもただ同じ空間にいるというだけで、あなたの信頼を大きく失墜するのだ。

たったひとりでも被害者を出してしまえば、その交流会はもう二度と威厳を取り戻せなくなる。

どんなにあなたが食事に注意して健康体を保っていても、たった一滴の猛毒を体内に入れるだけで死に至る危険があるのとまさに同じである。

交流会も人体も組織であることには何ら変わらない。

組織の癌《がん》細胞は早期発見、早期切除に限るのだ。

なぜここまで交流会の話を詳しくするのかと言えば、もちろんあなたにぜひ試してもらいたいからである。

たとえ会社勤めでも提案すれば交流会が主催できるかもしれないし、すでに交流会らしきものをやっている会社であれば自分が主催者を買って出ればいい。

あるいは個人でも会費を出し合って交流会を主催する側に回ることも十分に可能である。

すでにあなたが会社の経営者であれば、交流会を主催することは容易に実現できるだろう。

経営コンサルタント時代の顧問先で継続的に地域から愛され続けている会社は、例外なく交流会を開催し続けていたものだ。

出た利益をお客様に還元することでお客様に喜んでもらい、お客様に成功してもらえば巡り巡って自分の成功にもつながるはずである。

これは個人でも会社でも同じだが、もし本気で成功したければ先に周囲から成功してもらうことだ。

私自身が読書と長期的な成功者から散々教わったのは、「周囲に先に成功してもらって、最後に引っ張り上げてもらいなさい」ということだった。
思えば、会社勤めの頃も今も私は〝応援したがり屋〟を貫き通してきた。
人の幸せへの投資が最高の投資かもしれない。

23

一流の人が、他人の見ていない時にやっていること。

交流会は行くものではなく、主催するものと考えている。

24 小さく負け続けて、大きく稼ぐ。

食事はすべて外食で済ませているという某上場企業の元オーナーから教わった話だが、彼は飲食店の初回はおみくじ代として完全に割り切っているとのことだ。

なぜなら99％の飲食店がハズレだからである。

百戦錬磨の彼が言うだけあって、説得力抜群だ。

ほぼすべての飲食店は味がイマイチか、接客が全然ダメのいずれかということである。

某ラーメン店ではラーメンを作っているスタッフたちの姿をお客様に見せないことで、売上を爆発的に伸ばして全国展開するのに成功した。

理由は簡単である。

綺麗事を抜きにすると、ラーメン店のキッチンにいるスタッフは一般の人から見て不快に感じる汚れた格好をしている確率が極めて高い。

だったらそれをイチから矯正するより、最初からお客様の視界に入らなくしてしまえばいいのだ。

ここで私はあなたにラーメン店の経営ノウハウを語りたいのではない。

冒頭の某上場企業の元オーナーの話を思い出してもらいたい。

99％がハズレ店でも、1％は当たり店の可能性があるのだ。

彼はそのたった1％の当たり店に出逢うために日々せっせと飲食店の新規開拓を続けているが、苦になるどころか幸せで仕方がないのだと言う。

1％の当たり店を発掘した瞬間は、ダイヤモンドを見つけたように「生まれてきて良かった……」と心から感謝できるらしい。

私は個人でも会社でも人生を成功させるためには、この考え方が極めて大切だと改めて痛感させられたものだ。

人生であなたが一度もハズレを引かないことはあり得ないし、一度も失敗しないこ

ともあり得ない。

私自身の人生を振り返っても、本当にハズレと失敗だらけの人生だった。

だが負け惜しみではなく星の数ほどのハズレと失敗があったからこそ、今の私があると断言できる。

虚心坦懐《きょしんたんかい》に私の人生のハズレと失敗を分析してみると、その時点でどう感じたかはともかく、今となってはどれも致命的には程遠い些細なことばかりだったと感謝できる。

これまで私が数多くの長期的な成功者から教わってきたように、小さく失敗し続けて、その上で大きく稼げばいいのだ。

小さく失敗し続けているとそれはそれで痛い思いをするから、二度と繰り返さないように細心の注意をするようになるだろう。

有名な「ハインリッヒの法則」では３００件のヒヤッとした体験を無視し続けると、29件の小さな事故につながるということだ。

さらにそれら29件の小さな事故すらも無視し続けると再起不能の大事故を生み出すらしい。

経営コンサルタントの仕事を通しても、私自身の人生を振り返ってもハインリッヒの法則は完全に正しいと断言できる。

これは換言するとあなたが300回の挑戦をすれば29回のプチヒットにつながり、29回のプチヒットは1回のメガヒットにつながるとも解釈できる。

小さな失敗は買ってでもしよう。

24

一流の人が、他人の見ていない時にやっていること。

99%のハズレより1%の当たりに期待している。

PART 4

一流の人が、他人の見ていない時にやっている「大人の勉強術」

25 ついやってしまうことを一生かけて勉強する。

最初に厳しいことをお伝えするが、嫌々ダラダラと英会話の勉強を何十年継続してもいっこうに話せるようにはならない。

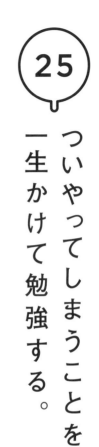

これは私が経営コンサルタント時代に某有名英会話教室のトップから直接聞いた話だから間違いない。

英会話教室に1年間通っても英語が話せるようになるのは全体の1割もおらず、10年間通い続けても英語が片言も話せない人は結構多いのだ。

もちろん英会話教室の募集チラシにはそんな正直な現実を披露したりはしない。

たった1年間教室に通うだけで、誰もがネイティブ並みに英語ペラペラになると錯覚させるような、ド派手なキャッチコピーが並んでいるものだ。

英会話教室だけではなく、学習塾や予備校もこれと同じで社外秘のデータを見るとあなたは驚愕《きょうがく》するはずだ。

怒りが込み上げてきて全身を震わせるかもしれない。

なぜ私がこんな現実をあなたに突きつけるのかと言えば、ひたすらあなたの努力が報われるためである。

それ以外の理由でこんな敵を増やすとしか思えない情報を提供しても、私にメリットは何もない。

改めてあなたに確認しておくが、勉強というのは非常に時間がかかる行為だ。

どんなに易しい資格試験でも数時間から数十時間は削られるし、難関大学受験や難関資格取得のための勉強となればそれこそ何千時間といった時間が削られることを覚悟しなければならない。

つまり勉強というのは寿命を削る行為であり、分野選びと方法を間違えると取り返しのつかないことになってしまうのだ。

私がこれに気づいたのは大学時代の読書を通してだった。

高校時代までの勉強は英語・数学・国語・理科・社会といった教科や科目に分かれており、それらを黙々と暗記しながら習得するものだった。

中にはそうした勉強が好きだという人もいるから、それはそれでいい。

そうした勉強が好きな人はそのまま継続してもらいたい。

ここで私がお伝えしたいのは、そうした高校時代までの勉強がどうも肌に合わない人のための勉強である。

高校時代までの勉強は主要5教科だったが、大人の勉強はそれに加えて無限の選択肢があるのだ。

語学を勉強するとしても英語を勉強しなければならないわけではなく中国語やスペイン語を学んでもいいし、ヘブライ語を学んでも誰にも文句を言われない。

あるいは筋トレやひとりカラオケだって立派な勉強として一生継続する価値があるだろう。

大切なことは勉強とはもともと遊びから生まれたという事実を知ることである。

古代ギリシャ人たちは労働を全部奴隷に任せていたから、暇潰しに数学や音楽や哲学や文学を生み出して朝から晩まで遊んでいたのである。

そう考えると今は全員が貴族のような人生を送ることができる。
好きな勉強をし放題だから。

25

一流の人が、他人の見ていない時にやっていること。

大人の勉強には無限の選択肢があると考えている。

26

「将来こうなりたい！」から逆算して中長期的にコツコツ勉強する。

大人の勉強の基本は好きなことをすることだとすでに述べたが、もうひとつ将来のための勉強もある。

たとえば「10年後に英語でインタビューに答えたい」という明確な目標があるのなら、今からその勉強をスタートしているべきである。

決してラスト1年間にかけるのではなく、今からその準備をすべきである。

すでに英語でインタビューに答えられる人に必ず直接聞いて、自分の語学力や記憶力と相談しながらカリキュラムを組むのだ。

場合によっては英会話教室や家庭教師を雇うかもしれない。

あるいはネットの指導があなたには合うかもしれない。

いずれにせよ、「将来こうなりたい！」から逆算して中長期的にコツコツ勉強することで、あなたの人生は格段に充実したものになるのだ。

英語でインタビューに答えるという目標に限らず、世の中で一目置かれるような能力を習得するためには一般に5年から10年といった期間の勉強が必要になる。

医師国家試験に合格するためだとか、大学院の博士号を取得するためだとか、いずれも本気で意識してから10年間は勉強しなければならないだろう。

何かの分野で「おっ」と思われるには人生でその程度の努力は必須というわけだ。

なぜ一目置かれるかと言えば、それを獲得するのに時間がかかるからである。

私の場合は大学時代に「将来あっという間に100冊の本を出したい！」から逆算して、中長期的にコツコツ準備をしてきた。

ちょうど10年後に1冊目を出せた。

〝あっという間〟だったかどうかは別として、1冊目からカウントして100冊目の本を出すのに7年半を要した。

1冊目を出すためには時間を圧縮して数多くの人たちと対話しようと決めて就職し

たし、本を出しやすい業界・会社に転職もした。

細部まで緻密に計算していたわけではないが、目標に対する大きな流れに沿ってそこからは大きく外れないように意識して注意を払っていた。

1冊目を世に出せた時には「これで100冊は楽勝」と一点の曇りもなく確信していた。

これは傲慢でも何でもなく、すでに100冊出せることがわかっていたのだ。

なぜなら私の1冊目にはすでに100冊分のコンテンツの種が仕込まれており、それを因数分解しながら出版社の注文通りに書くだけだったからである。

もちろん執筆のネタを仕込むために勉強はし続けたが、私にとって勉強とはもはや趣味のようなものであり、快楽ではあっても苦痛など微塵もなかった。

これらは最高に楽しい目標ではあったが、目標を通過するプロセスはもっと楽しかった。

淡々とプロセスを楽しんで通過しているうちに、そのついでに本を出せたというのが正直な感想である。

実は今も同じように目標を通過するために勉強をしているが、やはりプロセスがこ

の上なく楽しい。
ゴールするのが惜しいくらいである。

26

一流の人が、
他人の見て
いない時に
やっていること。

目標に対する大きな流れから
大きく外れないように
意識している。

27 自分〝ならでは〟の勉強の勝ちパターンを発掘する。

これに気づくとあなたの人生はバラ色になると私が確信しているのは、自分〝ならでは〟の勉強の勝ちパターンを発掘することである。

あきれるほどにシンプルだが本当にこれはあなたの人生を何倍も充実させると思う。

私がこのことに気づかされたのは大学時代の読書を通してだが、実際に習慣化して効果を実感したのは社会人になってからのことだ。

だからこそあなたには一日も早く自分の勝ちパターンを発掘して、それを武器に勉強を進めてもらいたいのだ。

たとえば人の記憶力や知能指数は遺伝で決まることはすでに述べた通りだが、だか

らと言って記憶力や知能指数の差がそのまま人生の勝敗を決めるとは限らない。

それはあなたの周囲を見ていても明白だろう。

それらの能力は分野によってはアドバンテージにはなるかもしれないが、決定打にはなり得ないのだ。

人生の勝敗を決めるのは、己の能力を知り、受容し、それを踏まえた上で勝てる戦略を練って実行する愚直さである。

たとえば私は大学時代に数学が大の苦手だと親が申告してきた生徒の家庭教師を担当したことがある。

その生徒は数学が苦手なだけではなくすべての教科が苦手だった。

話を聞きながら原因を探ってみると、彼は苦手意識の強い数学の勉強ばかりしていて、最初の1問目がわからないと一日中考え続けてその日の勉強は終わってしまっていたのだ。

私は数学の勉強は一日30分間にしようと生徒と約束をして、毎日その30分で3問ずつ解法の流れを習得してもらった。

これまで生徒は絶対に自力で解けない問題をウンウンうなって悪戦苦闘していたが、

問題を読み終わったらゼロ秒後に解答を堂々と見てもらい、「こういう問題はこうやって解く」という解法の流れを理解しながら憶えてもらった。

憶えたつもりで終わらないように、すぐに数字や記号を変えただけのそっくりそのままの類題を自力で解答を再現してもらった。

これだと最低でも30分で3問の解法の流れを習得できるし、調子がいいと5問以上も習得できたものだ。

そうするとこれまで何時間も数学に費やしてきた時間をそれ以外の教科にたっぷり充てることができる。

私が担当したビフォー・アフターでその生徒の5教科の総合点は1・7倍になり、当初は絶対に無理だと思われていた志望校にそのまま合格を果たした。

何より彼が獲得した生涯の武器は、自分の勉強の勝ちパターンを発掘したことだろう。

もう時効だから正直に告白するが、彼はお世辞にも記憶力や知能指数が優れていたわけではない。

むしろ平均よりかなり劣っていたと思う。

だがその事実を受容し、数学も暗記科目だと割り切った。
その結果、勉強時間が大幅に増え、他の科目の成績も伸ばせたというわけである。
最近は動画授業や講義型参考書などでいくらでも才能不足を補える。

27

一流の人が、
他人の見て
いない時に
やっていること。

ひとつの問題に悪戦苦闘せず、すぐに答えを見て解法を学んでいる。

28

「全体の流れを把握」→「スポット学習」をひたすら反復する。

あなたは歴史の勉強が好きだろうか。

どうしても興味が持てないとか嫌いだと言うなら無理強いはしないが、義務教育課程（公立高校入試問題レベル）の歴史をきちんと習得しておくと、人生では得をすることが多い。

ＮＨＫの大河ドラマを見ていても深く楽しめるようになるし、歴史小説などにも挑みやすくなる。

雑談中に相手に歴史の話をされたとしてもチンプンカンプンということはもうなくなる。

人生のどこかで一度習得してしまえば、もうほとんど忘れなくなるし、たとえ忘れてもすぐに思い出せるようになるから歴史の勉強はおススメなのだ。

ほぼ知識ゼロから歴史の勉強を開始したければ、最初は小学生用の歴史漫画から入るのがいいだろう。

奮発して全巻セットを購入してもいいし、図書館で借りてもいい。

とにかく細かいことは気にせずにひたすら全体の流れを把握しよう。

もちろん一度だけでなく、何度も読み込むことが大切だ。

全巻を通して読むと漫画でも骨が折れるし、飽きてくるかもしれない。

その場合はあなたの好きな時代、好きな人物だけをピックアップしてインターネットやＤＶＤ、書籍などで調べてみるといい。

人と語り合ってもいいだろう。

そうこうしてくるうちにまた特定の時代や人物だけの勉強も飽きてくる。

そうしたら今度は再び歴史漫画で全体の流れをつかむのだ。

こうして自分が飽きてくる頃を目安にしながら、「全体の流れを把握」→「スポット学習」をひたすら反復しよう。

「スポット学習」については、あなたの気分であちこちの時代や人物を浮気しまくってもいい。

前回は織田信長《おだのぶなが》について掘り下げていたと思ったら、今回は藤原道長《ふじわらのみちなが》について調べてみて、次回は西郷隆盛《さいごうたかもり》について詳しくなるのもいいだろう。

次第に「スポット学習」が「全体の流れを把握」とつながってきて、相乗効果をもたらすのだ。

そうすると誰に教わるわけでもなく、「あっ、これで歴史の流れはつかめたぞ」とわかる。

その段階に達したら、今度は公立高校入試の社会（歴史）の問題集で力試しをするのだ。

1回目は苦戦するかもしれないが、解答・解説を読み進めるうちに一気に理解が深まるだろう。

満点が獲得できるようになったら、次は半年後にもう一度問題集を解いてみる。

今度は解けない問題があるとかなり悔しいはずだが、復習することでとても深く記憶に刻み込まれるだろう。

これでもうあなたは仲間内で「教養のある人」と一目置かれる存在になれるし、歴史の話題をされてもひるむことなく楽しく会話に打ち解けられるようになる。

以上は歴史の勉強に限らない。

あらゆる勉強はこの「全体の流れを把握」→「スポット学習」の反復と、基礎的な問題集によるアウトプットによって定着させることができる。

せっかくの人生、幅広い教養を習得してできるだけ多くに気づける人になろう。

28

一流の人が、
他人の見て
いない時に
やっていること。

二つの学習法を反復することで飽きずに勉強を続けている。

29

教材選びでは妥協しない。

私が大学時代に当時史上最強の受験秀才と誉れ高かった人物の合格体験記を、古書店で偶然見つけて読んだことがある。

詳細は避けるが私が感銘を受けたのは、彼が「参考書選びでは妥協しません。参考書選びには半日かけます」と述べていたことだった。

私は彼のこの正直さに心を打たれ、見習うべきだと襟を正して読んだ。

それ以外に掲載されていた受験秀才たちは「いかに自分が才能に恵まれているか」「いかに自分が選ばれし者か」を強調していたのに対し、断トツの彼だけは「自分に合った参考書選びが大切」と強調していたのだ。

それ以来私も何かを真剣に学ぼうと思ったら、必ずリアル書店に足を運んで実際に教材に触れながら選ぶようにしてきた。

結果として最終的に選ぶのがロングセラーやベストセラーになったとしても、それはあくまでも結果論である。

私の理解力や現段階の知識量、そして生理に合った教材を選ぶことにより、学習効果はまるで異なる。

たとえば大学受験の英単語帳を考えてみよう。

ロングセラーやベストセラーと呼ばれるものがきっと3冊から5冊はあるだろう。

それらの7割から8割は掲載されている単語が重複するはずだ。

「どれをやっても同じだからどれでも1冊完璧にしろ！」と受験のプロたちは異口同音に言うに違いない。

だがここであなたは実際に手に取って、きちんと吟味する必要がある。

他の誰でもなくあなたにとって手触りがいいもの、見やすいもの、やる気になるものを選ぶべきである。

その上で一度決めたら浮気しないことだ。

「どの単語帳がいちばん自分にしっくりくるか」という判断の段階ではどれだけ迷って時間をかけてもいいが、「これで勝負しよう！」と決断したらもう浮気すべきではない。

自分の身体の一部になるようボロボロになるまで使い込み、そこに掲載された英単語を遅くとも1秒以内には即答できるレベルにすることだ。

英単語に限らず英熟語もこの調子で憶えてしまえば、あなたの語彙力は盤石になるだろう。

続けて英文法・英文解釈・英作文・リスニングなども同様に妥協なく教材を選び身体の一部になるまで使い込めば、あなたの英語力はかなりのレベルに達するはずだ。

以上はもちろん英語学習に限らない。

あなたが今から政治の勉強をしようが、経済の勉強をしようが、哲学の勉強をしようがすべて同じである。

ちゃんとリアル書店に足を運び、妥協することなく「この本となら戦友になれる」という運命の教材を見つけることだ。

私は社会人になってからずっと毎年1テーマの勉強をするのを習慣にしてきたが、

この際の教材選びで妥協したことはない。

自分にとって優れた教材だったからこそ、これまで継続することができたのだと思っている。

手垢《てあか》にまみれて世界で自分だけの名著になる頃、それが自分の一部になる。

29

一流の人が、他人の見ていない時にやっていること。

「これで勝負しよう！」と決めた教材を浮気しないで使っている。

30 移動時間は音声学習に徹すると人生が変わる。

本書を執筆している都内だけではなく毎年仕事で海外に行くが、ワイヤレスヘッドホンとワイヤレスイヤホンをしている人がどんどん増えている。

もちろん私もそのひとりだ。

ここ10年間で私にとって最高の買い物だったのが、ワイヤレスヘッドホンとワイヤレスイヤホンである。

掃除中やマッサージ中はもちろんのこと、わずかな暇さえあれば私はいつも音声学習をしており、その効果は読書にも劣らないと確信している。

最近はどんどんインターネット上で音声学習できる教材や環境が整ってきており、

こんなにも勉強し放題で本当に素敵な人生を満喫している。

もし私が今でも会社に勤めていたら、通勤時間ではずっとワイヤレスイヤホンを耳に突っ込んで音声学習をしていたと思う。

これはまだ試したことはないが、もし東京から鹿児島中央まで新幹線に乗ったとしても、音声学習さえできれば1秒たりとも退屈しない自信がある。

都内では往復通勤時間が2時間以上という人は珍しくも何ともないが、もしこの時間だけでも英語のリスニングを鍛え続ければ、2年で1000時間も勉強できることになる。

1000時間のリスニングは英語の学習者にとって飛躍のひとつの目安であり、海外留学やキャリアアップの可能性も見えてくるのではないだろうか。

あるいは政治・経済・経営・社会・歴史・哲学・芸術などいくらでも音声教材はあふれ返っており、「通勤時間＝勉強時間」にすることが可能だ。

これまで勉強は本を読むものだと思われていたが、もう完全に勉強のスタイルは変わったのだ。

自宅にいながらいくらでもパソコンやスマホで勉強し放題だし、もうゲームと勉強の境目もなくなった。

あと何年もしないうちにあらゆる教科はゲーム化している。

素晴らしいことだと思う。

すでに触れたように、私自身も自分が音声学習するだけでは飽き足らず、自分でも音声サービスを始めてしまったくらいだ。

これは四半世紀ほど前に私が本を読んでいて、「次は自分が本を書きたい！」という衝動に駆られたのと同じだ。

ここから何が言えるのか。

あなたも音声学習をして膨大な知識を仕入れているうちに、今度は自分がアウトプットしたくなる衝動に駆られるのだ。

これにはもう例外がない。

仮にあなたが哲学の音声学習を出社日に毎日2時間、1年間で500時間したとしよう。

専門家レベルにはまだ到達できないだろうが、大学で哲学を専攻していたけど社会人になってから哲学とは無縁の生活をしていた同僚より詳しくなっているのは間違いない。

放っておいても哲学的に物事を捉えるようになるだろうし、目上の人から哲学の話題をされたらガッツポーズで傾聴できるし、求められれば自分の見解も述べられるはずだ。

あなたの教養のコップを音声学習で満たしたあとは、アウトプットして恩返しをしよう。

30

一流の人が、他人の見ていない時にやっていること。

通勤時間から莫大な勉強時間を生み出している。

31

仮想の生徒を相手に授業をやると記憶に定着しやすい。

私が学生時代の同級生からと、社会に出てから世界トップ水準の経営コンサルタントの著書から教わった知恵がある。

もちろん私自身も試して効果は実証済みなのであなたにも自信を持っておススメできる。

何かを勉強して記憶をより強固にするためには仮想の生徒を目の前にイメージして、その生徒に向けて授業をやることだ。

人前でやると変に思われるから、自室に籠もってやるといいだろう。

実際に人の目を気にせずに自分の思うままに自分の授業に酔いしれる必要もあるか

らだ。

中でも最大の効果を発揮するのは地理である。

学生時代の同級生はいつも地理が満点だったが、その秘密は自分がツアーコンダクターになり切って、自室をバスに見立てて観光客を並べ、案内と質疑応答をすべて演じる勉強法にあった。

私の親友のひとりだったため、一度だけその勉強風景を見せてもらったが、鬼気迫るものがあった。

私も彼の仮想の観光客のひとりに含まれてしまい、演技とは言え「あなたは態度が悪くて他のお客様に迷惑です」とこっぴどく怒られてしまったのも、今となっては良き思い出だ。

たしか試験範囲は西ヨーロッパだったと思うが、すべての国ついての歴史・人口・面積・自然・資源・特産物をコンパクトかつ完璧に説明しており、きっちり30分で終了していた。

私は「これは敵《かな》わない」とため息が漏れたのと同時に、これは使えると感激した。

驚いたのはまったくこれと同じ勉強法を外資系コンサルティング会社のトップがや

っていたことだ。

これはとてつもない武器なのだと改めて認識し、今でも感謝しながら人知れず仮想の生徒を相手に書斎で授業をしている。

私はすべての勉強でこれをやっているが、効果は抜群である。

これは脳科学的にも立証されており、人の記憶の定着はアウトプットすることによってより素早く深く刻まれるのだ。

個人差はあるがインプットだけではなかなか憶えられず、アウトプットを伴うことで人はより憶えられるのだ。

もう少し詳しく述べておくと、毎日の学習の終わりにも数分間ほどプチ仮想授業をすることで、翌日以降も記憶のフックに引っかかりやすくなる。

そして学生や資格試験を目指す人たちは、直前期に試験範囲すべての仮想授業をすることで記憶は完成するというわけである。

もちろん話すだけではなく書くことでアウトプットするのも効果的である。

たとえ遺伝的に記憶力が向上しなくても、こうしたアウトプットを意識した工夫《くふう》次第で優秀な連中に引けを取らないようなレベルに食い込めるのだ。

私の場合はこうして文章を書いたり音声に吹き込んだりすることで、どんどん断片的な知識が化学反応を起こして知恵へと昇華している。

結果としてそれが換金できているというわけである。

仮想授業はあなたの生涯の武器になる。

31

一流の人が、他人の見ていない時にやっていること。

アウトプットをインプットのレベルアップに活用している。

32

小学生用の学参や漫画本で初歩を固める。

もしあなたがこれから10年ほどかけて何かの分野で頭角を現したいのであれば、初歩を徹底的に固めることだ。

初歩とは基礎の前の段階であり、一般に売られている入門書よりさらに平易な内容である。

たとえば中学1年の数学の入門書を理解するためには、小学校の算数が理解できていないとお話にならない。

いくら世界一わかりやすいと謳《うた》ってある微分積分の入門書を読もうとしても、加減乗除が習得できていなければほぼ読み進められないはずだ。

あなたは笑うかもしれないが、私が見ている限りこれと同じ過ちを犯している人はとても多いように思う。

「もう10年間も英語の勉強を続けています」と自慢気に語る割には、中学レベルの英文法がスッカスカな人も結構いる。

これはその道の専門家に直接聞いた話だが、中学レベルの英文法が理解できないままでも英会話ができるふりができてしまうということだ。

実際には「dog」「that」などの単語を羅列するだけで、順番はバラバラだ。

ネイティブは「この人は頭が弱いな」と察知して、類推してくれているだけである。

当然だがこのレベルで周囲に集まってくるネイティブも、その国では同じ頭のレベルだということだ。

たとえ発音が受験英語でも正しい文法で伝えようと努力する人には、ネイティブは「この人は母国ではちゃんとした人だな」と察知して相応の接し方をしてくる。

当然だが文法がしっかりした人の周囲に集まってくるネイティブはそれなりの頭のレベルになるというわけだ。

あなたも逆の立場になれば、きっと同じ対応をするはずである。

ここで私がお伝えしたいのは、英語は発音などどうでもいいからひたすら文法だけを勉強しろということではない。

まずは中学レベルの初歩的な文法の習得はマナーであり、次第に発音を正していけばいいということだ。

そういう意味では日本の英語教育は批判も多いが、文法重視なのはあながち間違ってはいないのだ。

本気で英語を話せるようになりたければ、海外留学するか海外に住むのがいちばんだ。

だがその際にも中学レベルの英文法がスッカスカなら、まともなネイティブは相手にしてくれないという厳しい現実がある。

以上はもちろんあなたに基礎の前の初歩の大切さを深いレベルで理解してもらうために述べてきた。

英語に限らず歴史や哲学の勉強をするにしても、絶対に初歩を疎《おろそ》かにすべきではない。

まず書店に足を運んでみて入門書を手に取り、それが読みこなせないと思ったら潔くプライドを捨てて小学生用の学参や漫画本で初歩を固めるべきである。

現に私はすべての勉強をそうしてきたし、今でもそうしている。

結局のところ初歩から基礎へ、基礎から標準へ、標準から応用へとスムーズに進めたければ初歩を盤石にする以外に道はない。

基礎の前にまず初歩である。

32

一流の人が、他人の見ていない時にやっていること。

理解できない時はプライドを捨てて初歩に立ち戻っている。

PART

5

一流の人が、他人の見ていない時にやっている「人間関係術」

33

仕事に〝友だち〟は要らない。

私が経営コンサルタント時代に、様々なベンチャー企業の現場を目の当たりにするたびに確信したことがある。

「絶対に友だち同士で経営をしてはならない」ということだ。

ごく稀に例外もあったが、成長期に入るとほぼ途中で会社が空中分解していた。

ただし上手《うま》く経営できていたと思われる数少ない例外のひとつも、先日ネットで見たところ若きトップが中途半端な時期に辞任していた。

さらに膨大な事実から帰納的に導いた法則を公開しておくと、当初はどれだけ強い絆《きずな》で友情が結ばれていようとも、一度仕事で仲違《なかたが》いしたら一生絶縁状態のままであるということである。

もちろん会えば挨拶を交わしたりたまに食事をしたりするのだが、昔のような深い友情は二度と復元できていなかった。

以上のことから私は、仕事に〝友だち〟は要らないと学んだ。

世界的に人気漫画であり経営者にも熱烈なファンが多い尾田《おだ》栄一郎《えいいちろう》さんの漫画『ONE PIECE』は、私も好きで楽しませてもらっている。

ところがあの漫画通りに「永遠の仲間」に憧れて経営をしていた経営者は、少なくとも私の周囲では全員会社を倒産させている。

『ONE PIECE』は歴史に遺る名作だと思うが、なぜ名作かと言えば、人類が永遠に実現できない究極の理想を描いているからである。

古代ギリシャの哲学の世界では師のプラトンが究極の理想である「イデア」を唱えて、弟子のアリストテレスがそれを批判した。

だからといって、プラトンが劣っていたわけでは断じてない。

その証拠に哲学界におけるプラトンは、「西洋哲学はすべてプラトンへの注釈にすぎない」と最高に評価されているくらいである。

だから私は『ONE PIECE』も不朽の名作だと思う。

それを踏まえた上で現実社会を我々は生きなければならないのだ。

少なくとも「永遠の仲間」を仕事上では求めるべきではなく、人間関係にはすべて賞味期限があると割り切るべきである。

何やらとても冷たいことを述べているようだが、そう考えることであなたは必ず一歩前に踏み出せるようになるのだ。

勘違いしてはならないが賞味期限は相手にだけあるのではなく、あなたにも賞味期限があるという事実だ。

通常は仕事上のスキルにおいて自分と相手の格差が、宇宙の拡張現象の如《ごと》く広がり続けている事実を、どちらか一方が気づいた瞬間が賞味期限である。

自分の実力が上になる場合もあれば、相手の実力が上になる場合もある。

いずれにせよ圧倒的格差があるのが露呈した状態で「永遠の仲間」はあり得ないのだ。

格下は嫉妬して足を引っ張るようになり、格上はそれを阻止しようと格下を左遷する闘いが我々人類の歴史のパターンである。

畢竟《ひっきょう》、人は誰もが孤独である。
プロは孤独を受容し、孤独をこよなく愛するものだ。

33

一流の人が、
他人の見て
いない時に
やっていること。

人間関係には賞味期限があると割り切っている。

34

あなたの好悪は善悪をはるかに超えるセンサーである。

人間関係で断トツ大切なことはあなたの好悪である。

あなたの好悪というのは善悪をはるかに凌駕《りょうが》するセンサーだ。

相手をパッと見て「この人は嫌いじゃない」「この人は苦手」と感じるのは、あなたが生まれてから今日まで出逢った人たちの集大成で判別しているのだ。

私は会社勤めの期間に、3000人以上のエグゼクティブと10000人以上のビジネスパーソンと対話してきた（より厳密には語呂がいいからそれぞれ3000や10000という数値にしているだけで、本当はもっと対話してきた）。

これは大学時代に私が将来は本を書いて生きていきたいと思ったから、意図的に数多くの人と対話したのは言うまでもない。

文章を書くということはそれだけ人間観察力を研ぎ澄ませなければならず、そのためには成功者からそうではない人たちまで幅広く、圧倒的な数と対話しなければならないという仮説を立てたからである。

今だから正直に告白するが、老若男女問わず社会的地位が頂点レベルから底辺レベルまで意識して対話してきた。

対話する際には私の好悪をいっさい排除し、まるでカメレオンの如く変幻自在に相手と打ち解けてきた。

会社勤めの期間は「世間知らずの体育会系バカ」を完璧に演じ通し、ありとあらゆる情報をかき集めることができた。

もし現在私がこうして発しているコンテンツを元同僚だとか上司や部下、さらに取引先が知ろうものならきっと驚愕するだろう。

これまた今回初公開だが、新卒で入社した会社の（入社は私より数年先だった）女性社員と久々に会った時に、「千田君と同姓同名の作家さんがいてビックリしちゃった……名前は同じでもこんなに性格が正反対なんだもん」と、何時間もその作家について熱く批判されてしまったのは今となっては良き思い出だ。

ちなみに私は「実はそれ、俺ですよ」とは言わなかったから、今でも彼女はその千田琢哉は別人だと思っているに違いない。

そこまでして私は人間を観察し、将来は人の心を揺さぶり、人の役に立つコンテンツを発信したかったのである。

そんな私が言うのだから間違いないが、あなたの好悪の感情は大切にしたほうがいい。

これは私が経営コンサルタント時代に顧問先に何度も伝えて洗脳してきたことだが、「判断」と「決断」はまるで違う。

「判断」というのはマークシートの正誤問題と同じで、その分野のプロたちが考えれば誰でも同じ答えになる論理的に考えて正しいものを選ぶ作業である。

これに対して「決断」というのは複数の論理的に考えて正しい「判断」の中から、直感で「エイヤッ！」と選ぶ作業である。

この直感とはあなたの好悪のことなのだ。

つまり人間関係でも迷ったら最終的には好悪で決断を下すべきである。

直感で正しいと思った選択肢を試験終了間際に慌てて書き直し、結局間違えてしまうのは同じ理由だ。

34

一流の人が、他人の見ていない時にやっていること。

直感に反した選択はしないように心がけている。

35

仕事上で生理的に無理な相手とはすべてメールで完結させる。

メールでアウトの人は、実際に会ってみるともっとアウトの人が圧倒的に多い。

すでにメールですべてが完結できる時代になったのだから、わざわざアウトの人に会って不快な思いをするのはバカバカしい。

それに別に嫌な相手でなくてもメールですべて済ませられるのなら、それに越したことはない。

出版業界でも未だに紙で契約を交わさなければならないが、これも様々な古いしきたりや癒着を乗り越えて印鑑不要にすべきである。

少なくとも電子書籍の契約はやはり電子にすべきだと思うのだが。

急激に迫りくるAI化を悲観する声は多いが、私はこれをとても喜んでいる。

まずコンビニやデパートに人はいっさい不要であり、その証拠にどんどんサービスが不快になっている。

家電量販店や家具店も店舗で働く人の不快さは年々増している。

それどころか都内のシティホテルはもちろんのこと、観光地の旅館の接客も見るも無残に落ちぶれてしまった。

海外のエグゼクティブが嘆くのも無理はない。

これはそもそも現場のスタッフ以前にマネージャーの問題、マネージャー以前に総支配人の問題なのだ。

どうしてそれがわかるかと言えば、私は会社勤めの頃に全国47都道府県の様々なビジネスホテルに宿泊していたし、国内の複数の高級シティホテルを毎月何度もイベントで利用してきた経験があるからだ。

掃除係や現場のスタッフからマネージャーや総支配人まですべての人材レベルを目の当たりにしてきたのだ。

その結果、誠に厳しいことを述べなければならないが、ごく一部の例外を除けば、もはやホテル旅館業のオーナーや幹部は人材レベルが終わっているとしか表現しようがない。

そもそもトップのレベルが極めて低いため、現場スタッフの教育などできるはずがない。

そんなことはホテル旅館業以外で働く人たち、利用者から見れば誰もが知る事実だろう。

観光地がどうして次々に廃れるかと言えば、そこで働いている人たちの性格が悪いからである。

毎年その性格の悪さを経験した観光客たちは「二度目はないいな」と心に強く誓い、毎年廃れていくのである。

私の師匠のひとりはエンジェル投資家だが、ある都市のホテルを買収して再生に成功したオーナーである。

その彼の弁だから間違いないが、ホテル旅館業は能力が低いのにプライドが高い連中の巣窟であるとのことだ。

彼が企業再生に成功したのは総支配人からマネージャーまで全員解雇したからだと

教えてくれた。

そして「能力は低くても性格だけは腐っていない」スタッフのみを残したのだ。

以上は今の世の中は偏差値が低い層を中心に性格の悪い人間が激増し、それらをＡＩにやらせて快適な世の中にする時流を理解してもらうために述べた。

生理的に無理な相手との仕事は、メールですべてを完結させてお金だけはもらえばいいのだ。

35

一流の人が、
他人の見て
いない時に
やっていること。

能力が低いのにプライドが高い人間とは距離を置いている。

36

生理的に無理な相手とは二度と会わない。

今から10年前には「メールじゃなくて、生《なま》が大事」と熱く語る知識人が多かったが、現在はそうでもなくなった。

今でも「生が大事」と熱く語る人の経歴をよく調べてみるとすぐにわかるのは、いかがわしいビジネスで成功したふりをしている下流の成功者ばかりである。

なぜ彼らは「生が大事」と声高に叫ぶのかと言えば、彼らは自分が下流であることを熟知しており、正統派エリートと生で面談してその写真をネット上で貼りまくって信者たちに自慢したいからである。

それ以外の理由はこの宇宙にいっさい存在しない。

私も20万部のベストセラーを出した年とその翌年に、いかがわしいビジネスで成功者を気取っている二人と意図的に会ったことがある。

それは私の師匠が「この二人なら金輪際会ってはいけない相手を学ぶサンプルに最適」と判断し、私もそれに従う決断をしたわけだ。

そのうちひとりは私が会社勤めをしていた頃に自社の株主総会で総会屋に叩《たた》かれる元凶になった会社のマルチ商法のカリスマだった。

案の定、彼は私とのスリーショットをネット上でこれ見よがしに貼りつけ、何の断りもなく対談音声を自分のメルマガ登録者に特典として配布していた。

もうひとりもマルチ商法のカリスマだったが対談中に私との親しさを信者にアピールしようとつけ上がってタメ口になり、その後これまた何の断りもなくネット動画で対談の内容を垂れ流していた。

二人とも社会的には無力で何の影響力もないが、師匠の教えの通り生理的に無理な連中には絶対に生で会うべきではないと私の脳裏に刻まれた。

それ以外もキー局のプロデューサーやスタッフが「何としてもお会いしたい！」と何度か私の書斎を訪れたが、彼らの汚らしい服装とビヘイビアが生理的に無理で関わるべきではないという結論に達した。

いずれもあえて何度か実験しておくことで、「この道はないな」と自分の全身で納得できたわけだ。

本当に魅力的な人であれば、絶対に執拗《しつよう》に会おうなどとはしない。

すでに述べたように、相手が執拗に会おうとする理由はいかがわしい下流の成功者だからである。

昭和時代の押し売り訪問営業と同じで、下流の人間というのは実際に相手と会っていやらしく断りにくい状況を作り出さなければ同じ土俵に立てないし、商談が成立しないのである。

こうして本を読んで勉強しているあなたは将来成功者として上流に入る可能性が高い。

あなたが成功した暁には、ここで私が述べている理由がとてもよくわかるはずだ。

否、これから成功を目指す人こそが生理的に無理な相手とは断じて会うべきではない。

あなたもこれまでに数え切れないほどの経験があると思うが、**生理的に無理な相手**

と会うとその後しばらく精神が穢《けが》れるはず。
その精神の穢れを取り戻す期間こそが、最大の寿命の無駄遣いなのだ。

36

一流の人が、他人の見ていない時にやっていること。

執拗に会いに来たがる人はいかがわしい人間と判断している。

37 自分からすり寄るのではなく、相手に「会ってください」と言わせる。

あなたの魅力は何で決まるのだろうか。

人の魅力は年収でもなければ社会的地位でもない。

これは決してあなたを慰めるための詭弁《きべん》ではない。

年収や社会的地位もないよりはあったほうが絶対にいいが、それ以上に「会ってください」と言われる存在になることがあなたの魅力なのだ。

私も20代の頃はとにかく若さという武器を使って、「会ってください」と連呼していた側だった。

実際にそれは貴重な体験になったし、今でも間違っていなかったと確信している。

だが20代の終わり頃に自分と同じ世代の別の会社勤めの人を見て、「これはアカン」と気づかされた。

彼は私と会っていたその成功者の腰巾着として完全に依存しながら売上を作っていた。

彼を見てとても醜いなと思った直後、それはこれまでの私の人生そのものだと目が覚めた。

彼は大手証券会社に勤務していたエリートだったが、私は今でも彼に感謝している。

それを機に私は「会ってください」と言う立場から、言わせる立場になると決断した。

自分から醜くすり寄るのではなく、相手に懇願させようと誓った。

当時は経営コンサルタントだったから、相談があると言われればオフィスに相手を呼びつけていたし、自分から営業をすることもなくなった。

その結果どうなったかと言えば、私のポジションが上がって相手が私に敬意を示すようになった。

もともと独立するつもりだったから、「もしこれで思うような結果が出なくても辞めるのにちょうどいい口実ができる」と思っていた。

ところがその思いは杞憂《きゆう》に終わり、面白いほど結果が出て社内でも出世した上に現在の出版のきっかけもできた。

私の人生のステージが変わったと表現しても大げさではないと思う。

これはプライベートでも同じで、同性からも異性からもモテる人は「会いたい」とお願いする側ではなく、お願いされる側のはずだ。

あなたがお願いする側ではなく、お願いされる側になるためにはどうすればいいのかを考えるのだ。

その答えは冒頭で述べたようにあなたが魅力的になることである。

ひと口に魅力と言っても人や分野によって様々だろう。

恋愛であればダイエットやおしゃれやプチ整形もその手段かもしれない。

ビジネスであれば第一印象で信頼されるように演出するのもその手段かもしれない。

だが本質的な人の魅力はやはり教養だろう。

それもあふれんばかりの教養である。

私が「会ってください」と懇願されるためにいつも意識していたのはたったひとつ

である。

私と会った相手が「この人と会うといつも人生を変えるひと言をもらえるな」と感じさせることだった。

私にとってそれ以外のことはすべて手段であり些細なことだった。

すでにあなたもお気づきのように、現在私が発信しているコンテンツも同じカラクリだ。

自分ではなく、相手を感動させよう。

37

一流の人が、他人の見ていない時にやっていること。

「会ってください」と言われる立場を目指している。

38

別れにこそ、神は宿る。

あなたの人生を振り返って運気が急上昇した瞬間を思い出してもらいたい。

それは人と別れた瞬間ではなかっただろうか。


親友と決別した。

会社を辞めた。

両親に勘当された。

離婚した。

以上はすべて私がこれまでに出逢ってきた人の人生を目の当たりにしてきた1次情報のほんの一例である。

どうして親友と別れなければならなかったのか。

それは別れないと次のステージに進めなかったからである。

どうして会社を辞めなければならなかったのか。

それは会社を辞めなければ次のステージに進めなかったからである。

どうして両親に勘当されなくてはならなかったのか。

それは両親に勘当されなければ次のステージに進めなかったからである。

どうして離婚しなければならなかったのか。

それは離婚しなければ次のステージに進めなかったからである。

別れは誰もが辛《つら》いことだ。

だが別れを受容しなければあなたはどんどん不幸になるのだ。

別れを拒めば拒むほどより不幸になるのは、自然の摂理があなたを苦しめようとしているからではなく、何としてでもあなたを幸せに近づけようとしているからだ。

あなたを幸せの扉に導くために、「これでも別れないのか！」と自然の摂理は次々に艱難辛苦《かんなんしんく》を与えて引き離そうとしてくれているのだ。

私がこれを実感したのは経営コンサルタントをやっていた頃だった。

顧問先で実質売上の大半を作っていた重役や営業本部長が辞めると言い出すと、社長は顔を真っ青にして引き留めようとしたものだ。

最初の頃は私も彼らを辞めないようにと、必死で説得したものだ。

それでも結局彼らは辞めて独立していた。

ところが別の会社で何件も同じ問題を扱っているうちに、どれだけ説得してもどうせ辞めてしまうことと、辞めたあとには思ったほど売上が落ちずに何年かすると元に戻るどころか、その組織の飛躍のきっかけになることに気づかされた。

つまり辞めると言い出した人間というのはそれがたとえ会社にとって重要な存在であったとしても、辞めてもらったほうがいいのだ。

どうしてそうした優秀な人材が辞めてしまっても売上が復活するのかと言えば、これまで気づかなかっただけで、その人材がいるために他の潜在的に優秀な人材の能力を発揮するのが妨げられてしまっていたからである。

組織というのは実に不思議なもので、逸材と言われていた人間が辞めても次の逸材が育つものなのである。

残った人材たちも「あの優秀な人が抜けたけれど、頑張ろう！」という気持ちが湧いてくるのだ。

そのことに気づかされて以来、私は「辞めると言った人間はどんなに逸材でも必ず辞めさせてください」と自信を持ってアドバイスをしてきた。

私も部下が「辞めたいと思います」と言ってきたら、最後の「ます」に被って「OK！　それでいつ辞める？」と即答してきた。

38

一流の人が、他人の見ていない時にやっていること。

「辞める」と言った人間は引き留めないようにしている。

39

三流の人脈の延長に、一流の人脈はない。

先日ある自称経営コンサルタントがネットで配信している音声をひと通り聴いていたが、彼の口癖は「超一流」「超大手」「超有名」でそのどれもが固有名詞を出せないでいた。

たまに出し惜しみしながら名前を出す人や会社は、どれもが痛々しいものばかり。

さらに珍しく直接会えないビッグネームを連呼していると思ったら、その後逮捕されたり干されたりしていたものばかりだった。

実際に彼が散々褒めちぎっていた会社も膨大な数の訴訟を抱えながら民事再生に入っていた。

たまに呼ぶゲストも有名な詐欺師であり、逮捕待ち状態だと噂《うわさ》される人物である。

彼の饒舌《じょうぜつ》なトークではなく事実のみを丁寧に分析すると、人は自分と同レベルの相手としか打ち解けられないというこの世の真理が浮き彫りになってくる。

痛々しい若作りをしている彼はすでに還暦を過ぎているようだが、若くておバカさんしか相手にできずしがない人生を歩んでいる。

彼から学ぶべきことはたったひとつである。

それは三流の人脈の延長に一流の人脈はないということだ。

三流の人脈の延長にあるのはさらなる三流の人脈であり、三流の人脈を制覇したら次は四流の人脈に落とさなくては会ってもらえなくなる。

人脈というのは会えば会うほどレベルが落ちるのであり、会わなければ会わないほどレベルが上がるのである。

あなたにはぜひ一流の人脈を築いてもらいたいから本音のアドバイスをしよう。

もしあなたが将来本気で一流の人脈を築きたければ、最初から一流の人脈を狙うべきである。

断じて二流や三流の人脈を作るべきではない。

将来あなたが一流になった際に、それら二流や三流の人脈は大きな手枷足枷《てかせあしかせ》になるからだ。

誰も教えてくれないだろうが、一流の人間は二流や三流と同じ空間で呼吸するのが大嫌いだ。

将来あなたが一流同士の一流の空間でくつろいでいる時に、何かの間違いで昔の三流の知人が紛れ込んでおり、あなたに汚い言葉で話しかけてきたとしよう。

たったそれだけのことで一流の空間をぶち壊してしまうのだ。

しかもずいぶんと昔にその三流はあなたの上司や先輩だったとしたら、もはや絶望的だ。

きっと彼は「おいおい素っ気ない態度だなー、ずいぶんと偉くなっちゃって」「ひょっとしてお前、昔お世話になった恩を忘れたのか?」と下品かつ大きな声で粘着質に絡んでくるだろう。

これは映画や漫画でもよく見かけるシーンだが、映画や漫画の世界に限らない。

あなたが将来成功したら必ず経験する通過儀礼なのだ。

だからこそ映画や漫画でこうしたシーンを入れると経験者の心を揺さぶって、深く長く支持されるのだ。

こうした過去の汚点はなるべく少ないに越したことはない。

そのためには二流以下の人脈をすべて断ち切り、捻出した孤独の時間に粛々と爪を研ぐことである。

孤独になれば、道は拓ける。

39

一流の人が、他人の見ていない時にやっていること。

最初から一流の人脈を狙っている。

40 結局、人の価値は「出口」より「入口」で決まる。

最後に極めて厳しいことだが、極めて大切なことをお伝えしよう。

人のランクは「出口」ではなく「入口」で決まるという事実である。

たとえば私の知人のひとりはある都市で大型カルチャーセンターを設立した。

彼は本も出しており、「Fラン大卒でも早慶旧帝大卒に負けない就職ができる！」と謳って弱者から搾取している。

大金を積んでテレビにも出ていたようだし、ネットの動画配信も頑張っているがからきし効果はない。

私が経営コンサルタント時代に彼に教えた内容を無料でそのまま具現させたようだ

が、肝心な本質を捉えていないために泣かず飛ばずの結果だ。

さらに彼はパクリ屋さんとしても有名で、親友の会社のコンテンツをそのままパクって自社商品と偽り訴訟問題に発展した。

あなたも注意してもらいたい。

表面上だけをパクって、耳に心地良い甘い言葉に乗せられると、あなたも完膚なきまでに搾取されまくる。

大学に限らないが、「入口」はとても大切なのだ。

公務員でもキャリア組とノンキャリア組はそもそも「入口」がまるで違う。

由緒正しい大企業でも総合職と一般職はそもそも「入口」がまるで違う。

いずれも両者は似ていないのはもちろんのこと、何ら接点すらない。

むしろ対極である。

なぜ「入口」がそこまで大切なのか。

それは「入口」を獲得するのはそれだけ難易度が高いからである。

「出口」は価値がないとは言わないが、「入口」を獲得する才能と時間に比べると取るに足らないものだ。

一流企業の就職活動では「入学大学」が重要視されるのは、生まれてから18歳までのその人の生き様をいちばんわかりやすく顕在化した象徴だからである。

履歴書に「筑波《つくば》大学附属駒場《こまば》高等学校卒業↓東京大学文科Ⅰ類入学」とあれば、採用担当者はそれがどのくらいの才能と時間を要するのかが瞬時にわかる。

反対に「無名高校卒業↓Fラン大学入学」とあれば、採用担当者はいちいち面接をする価値すらないと感じるだろう。

「学歴フィルター」という言葉もあるが、綺麗事を抜きにすると採用担当者は時間を割く価値のない相手と会いたくないのだ。

新卒の就活に限らず中途採用もこれは同じである。

私は会社勤めの間は常時複数の転職エージェントに登録していたが、何度か面談を重ねるうちに私の好奇心に圧倒されたのか、ついに担当者は本音を言った。

「ぶっちゃけると中途採用で見られるのはココとココだけです!」

担当者が〝ココ〟と指差した箇所は「年齢」と「入学大学」だった。

これが世の中の本音であり、あなたも建て前と本音の〝目利き〟がいかに大切なのかを再認識できるはずだ。

翻って、あなたはどうだろうか。

人生の勝負の土俵で報われるためには、「入口」を華麗に決めておくことが必須だ。

一度の人生で花開きたければ、「入口」から勝ち組に入れる土俵で勝負しよう。

40

一流の人が、他人の見ていない時にやっていること。

まずは勝負の土俵に上がることを重視している。

建て前に騙《だま》されるな。
人知れず本音を洞察せよ。

千田琢哉著作リスト（2020年6月現在）

● **アイバス出版**

『一生トップで駆け抜けつづけるために20代で身につけたい勉強の技法』

『一生イノベーションを起こしつづけるビジネスパーソンになるために20代で身につけたい読書の技法』

『1日に10冊の本を読み3日で1冊の本を書く ボクのインプット&アウトプット法』

『お金の9割は意欲とセンスだ』

● **あさ出版**

『この悲惨な世の中でくじけないために20代で大切にしたい80のこと』

『30代で逆転する人、失速する人』

『君にはもうそんなことをしている時間は残されていない』

『あの人と一緒にいられる時間はもうそんなに長くない』

『印税で1億円稼ぐ』

『年収1,000万円に届く人、届かない人、超える人』

『いつだってマンガが人生の教科書だった』

● **朝日新聞出版**

『人生は「童話」に学べ』

● **海竜社**

『本音でシンプルに生きる!』

『誰よりもたくさん挑み、誰よりもたくさん負けろ!』

『一流の人生』

『大好きなことで、食べていく方法を教えよう。』

● **学研プラス**

『たった2分で凹みから立ち直る本』

『たった2分で、決断できる。』

『たった2分で、やる気を上げる本。』

『たった2分で、道は開ける。』

『たった2分で、自分を変える本。』

『たった2分で、自分を磨く。』

『たった2分で、夢を叶える本。』

『たった2分で、怒りを乗り越える本。』

『たった2分で、自信を手に入れる本。』

『私たちの人生の目的は終わりなき成長である』

『たった2分で、勇気を取り戻す本。』

『今日が、人生最後の日だったら。』

『たった2分で、自分を超える本。』

『現状を破壊するには、「ぬるま湯」を飛び出さなければならない。』

『人生の勝負は、朝で決まる。』

『集中力を磨くと、人生に何が起こるのか?』

『大切なことは、「好き嫌い」で決めろ!』

『20代で身につけるべき「本当の教養」を教えよう。』

『残業ゼロで年収を上げたければ、まず「住むところ」を変えろ!』

『20代で知っておくべき「歴史の使い方」を教えよう。』

『「仕事が速い」から早く帰れるのではない。「早く帰る」から仕事が速くなるのだ。』

『20代で人生が開ける「最高の語彙力」を教えよう。』

『成功者を奮い立たせた本気の言葉』

『生き残るための、独学。』

『人生を変える、お金の使い方。』

『「無敵」のメンタル』

『根拠なき自信があふれ出す!「自己肯定感」が上がる100の言葉』

『いつまでも変われないのは、あなたが自分の「無知」を認めないからだ。』

『人生を切り拓く100の習慣』

【マンガ版】『人生の勝負は、朝で決まる。』

『どんな時代にも通用する「本物の努力」を教えよう。』

● **KADOKAWA**

『君の眠れる才能を呼び覚ます50の習慣』

『戦う君と読む33の言葉』

● **かんき出版**

『死ぬまで仕事に困らないために20代で出逢っておきたい100の言葉』

『人生を最高に楽しむために20代で使ってはいけない100の言葉』

『20代で群れから抜け出すために顰蹙を買っても口にしておきたい100の言葉』

『20代の心構えが奇跡を生む【CD付き】』

● **きこ書房**

『20代で伸びる人、沈む人』

『伸びる30代は、20代の頃より叱られる』

『仕事で悩んでいるあなたへ 経営コンサルタントから50の回答』

● **技術評論社**

『顧客が倍増する魔法のハガキ術』

● **KKベストセラーズ**

『20代 仕事に躓いた時に読む本』

『チャンスを掴める人はここが違う』

● **廣済堂出版**

『はじめて部下ができたときに読む本』

『「今」を変えるためにできること』

『「特別な人」と出逢うために』

『「不自由」からの脱出』

『もし君が、そのことについて悩んでいるのなら』

『その「ひと言」は、言ってはいけない』

『稼ぐ男の身のまわり』

『「振り回されない」ための60の方法』

『お金の法則』

『成功する人は、なぜ「自分が好き」なのか?』

● **実務教育出版**

『ヒツジで終わる習慣、ライオンに変わる決断』

● **秀和システム**

『将来の希望ゼロでもチカラがみなぎってくる63の気づき』

● **祥伝社**

『「自分の名前」で勝負する方法を教えよう。』

● **新日本保険新聞社**

『勝つ保険代理店は、ここが違う!』

● **すばる舎**

『今から、ふたりで「5年後のキミ」について話をしよう。』

『「どうせ変われない」とあなたが思うのは、「ありのままの自分」を受け容れたくないからだ』

● **星海社**

『「やめること」からはじめなさい』

『「あたりまえ」からはじめなさい』

『「デキるふり」からはじめなさい』

● **青春出版社**

『どこでも生きていける 100年つづく仕事の習慣』

『「今いる場所」で最高の成果が上げられる100の言葉』

『本気で勝ちたい人は やってはいけない』

『僕はこうして運を磨いてきた』

● **清談社Publico**

『一流の人が、他人の見ていない時にやっていること。』

● **総合法令出版**

『20代のうちに知っておきたい お金のルール38』

『筋トレをする人は、なぜ、仕事で結果を出せるのか?』

『お金を稼ぐ人は、なぜ、筋トレをしているのか?』

『さあ、最高の旅に出かけよう』

『超一流は、なぜ、デスクがキレイなのか?』

『超一流は、なぜ、食事にこだわるのか?』

『超一流の謝り方』

『自分を変える 睡眠のルール』

『ムダの片づけ方』

『どんな問題も解決する すごい質問』

『成功する人は、なぜ、墓参りを欠かさないのか?』

『成功する人は、なぜ、占いをするのか?』

『超一流は、なぜ、靴磨きを欠かさないのか?』

『超一流の「数字」の使い方』

● **SBクリエイティブ**

『人生でいちばん差がつく20代に気づいておきたいたった1つのこと』

『本物の自信を手に入れるシンプルな生き方を教えよう。』

● **ダイヤモンド社**

『出世の教科書』

● **大和書房**

『20代のうちに会っておくべき35人のひと』

『30代で頭角を現す69の習慣』

『やめた人から成功する。』

『孤独になれば、道は拓ける。』

『人生を変える時間術』

『極 突破力』

● **宝島社**

『死ぬまで悔いのない生き方をする45の言葉』

【共著】『20代でやっておきたい50の習慣』

『結局、仕事は気くばり』

『仕事がつらい時 元気になれる100の言葉』

『本を読んだ人だけがどんな時代も生き抜くことができる』

『本を読んだ人だけがどんな時代も稼ぐことができる』

『1秒で差がつく仕事の心得』

『仕事で「もうダメだ!」と思ったら最後に読む本』

● **ディスカヴァー・トゥエンティワン**

『転職1年目の仕事術』

● **徳間書店**

『一度、手に入れたら一生モノの幸運をつかむ50の習慣』

『想いがかなう、話し方』

『君は、奇跡を起こす準備ができているか。』

『非常識な休日が、人生を決める。』

『超一流のマインドフルネス』

『5秒ルール』

『人生を変えるアウトプット術』

『死ぬまでお金に困らない力が身につく25の稼ぐ本』

『世界に何が起こっても自分を生ききる25の決断

本』

● **永岡書店**

『就活で君を光らせる84の言葉』

● **ナナ・コーポレート・コミュニケーション**

『15歳からはじめる成功哲学』

● **日本実業出版社**

『「あなたから保険に入りたい」とお客様が殺到する保険代理店』

『社長!この「直言」が聴けますか?』

『こんなコンサルタントが会社をダメにする!』

『20代の勉強力で人生の伸びしろは決まる』

『人生で大切なことは、すべて「書店」で買える。』

『ギリギリまで動けない君の背中を押す言葉』

『あなたが落ちぶれたとき手を差しのべてくれる人は、友人ではない。』

● **日本文芸社**

『何となく20代を過ごしてしまった人が30代で変わるための100の言葉』

● **ぱる出版**

『学校で教わらなかった20代の辞書』

『教科書に載っていなかった20代の哲学』

『30代から輝きたい人が、20代で身につけておきたい「大人の流儀」』

『不器用でも愛される「自分ブランド」を磨く50の言葉』

『人生って、それに早く気づいた者勝ちなんだ!』

『挫折を乗り越えた人だけが口癖にする言葉』

『常識を破る勇気が道をひらく』

『読書をお金に換える技術』

『人生って、早く夢中になった者勝ちなんだ!』

『人生を愉快にする! 超・ロジカル思考』

『こんな大人になりたい!』

『器の大きい人は、人の見ていない時に真価を発揮する。』

● **PHP研究所**

『「その他大勢のダメ社員」にならないために20代で知っておきたい100の言葉』

『お金と人を引き寄せる50の法則』

『人と比べないで生きていけ』

『たった1人との出逢いで人生が変わる人、10000人と出逢っても何も起きない人』

『友だちをつくるな』

『バカなのにできるやつ、賢いのにできないやつ』

『持たないヤツほど、成功する!』

『その他大勢から抜け出し、超一流になるために知っておくべきこと』

『図解「好きなこと」で夢をかなえる』

『仕事力をグーンと伸ばす20代の教科書』

『君のスキルは、お金になる』

『もう一度、仕事で会いたくなる人。』

『好きなことだけして生きていけ』

● **藤田聖人**

『学校は負けに行く場所。』

『偏差値30からの企画塾』

『「このまま人生終わっちゃうの?」と諦めかけた時に向き合う本。』

● **マガジンハウス**

『心を動かす 無敵の文章術』

● **マネジメント社**

『継続的に売れるセールスパーソンの行動特性88』

『存続社長と潰す社長』

『尊敬される保険代理店』

● **三笠書房**

『「大学時代」自分のために絶対やっておきたいこと』

『人は、恋愛でこそ磨かれる』

『仕事は好かれた分だけ、お金になる。』

『1万人との対話でわかった 人生が変わる100の口ぐせ』

『30歳になるまでに、「いい人」をやめなさい!』

● **リベラル社**

『人生の9割は出逢いで決まる』

『「すぐやる」力で差をつけろ』

千田琢哉（せんだ・たくや）

愛知県生まれ。岐阜県各務原市育ち。文筆家。東北大学教育学部教育学科卒。日系損害保険会社本部、大手経営コンサルティング会社勤務を経て独立。コンサルティング会社では多くの業種業界におけるプロジェクトリーダーとして戦略策定からその実行支援に至るまで陣頭指揮を執る。のべ3,300人のエグゼクティブと10,000人を超えるビジネスパーソンたちとの対話によって得た事実とそこで培った知恵を活かし、"タブーへの挑戦で、次代を創る"を自らのミッションとして執筆活動を行っている。

著書は本書で170冊目。

ホームページ:
http://www.senda-takuya.com/

一流《いちりゅう》の人《ひと》が、他人《たにん》の見《み》ていない時《とき》にやっていること。
最後《さいご》に生《い》き残《のこ》る人《ひと》の「秘密《ひみつ》の習慣《しゅうかん》」40

2020年7月15日　第1刷発行
2020年8月 7 日　第2刷発行

著　者　千田琢哉《せんだたくや》

ブックデザイン　小口翔平＋喜來詩織＋加瀬梓（tobufune）
本文DTP　友坂依彦

発行人　畑 祐介
発行所　株式会社 清談社Publico
〒160-0021
東京都新宿区歌舞伎町2-46-8 新宿日章ビル4F
TEL：03-6302-1740　FAX：03-6892-1417

印刷所　中央精版印刷株式会社

ISBN 978-4-909979-07-0 C0030

清談社
Publico

http://seidansha.com/publico
Twitter @seidansha_p
Facebook http://www.facebook.com/seidansha.publico